Fundamentos da história
e filosofia da educação

Dados Internacionais de Catalogação na Publicação (CIP)
(Câmara Brasileira do Livro, SP, Brasil)

Niskier, Arnaldo
 Fundamentos da história e filosofia da educação / Arnaldo Niskier ; organização literária de Manoela Ferrari. – Petrópolis, RJ : Vozes, 2024.

 Bibliografia.
 ISBN 978-85-326-6687-1

 1. Educação – Filosofia 2. Educação – História
I. Ferrari, Manoela. II. Título.

23-173357   CDD-370.1

Índices para catálogo sistemático:
1. Educação : Filosofia e história   370.1

Aline Graziele Benitez – Bibliotecária – CRB-1/3129

Arnaldo Niskier

Fundamentos da história e filosofia da educação

Organização literária de
Manoela Ferrari

Petrópolis

© 2024, Editora Vozes Ltda.
Rua Frei Luís, 100
25689-900 Petrópolis, RJ
www.vozes.com.br
Brasil

Todos os direitos reservados. Nenhuma parte desta obra poderá ser reproduzida ou transmitida por qualquer forma e/ou quaisquer meios (eletrônico ou mecânico, incluindo fotocópia e gravação) ou arquivada em qualquer sistema ou banco de dados sem permissão escrita da editora.

CONSELHO EDITORIAL	**PRODUÇÃO EDITORIAL**
Diretor	Aline L.R. de Barros
Volney J. Berkenbrock	Marcelo Telles
	Mirela de Oliveira
Editores	Otaviano Cunha
Aline dos Santos Carneiro	Rafael de Oliveira
Edrian Josué Pasini	Samuel Rezende
Marilac Loraine Oleniki	Vanessa Luz
Welder Lancieri Marchini	Verônica M. Guedes
Conselheiros	**Conselho de projetos editoriais**
Elói Dionísio Piva	Isabelle Theodora R. S. Martins
Francisco Morás	Luísa Ramos M. Lorenzi
Gilberto Gonçalves Garcia	Natália França
Ludovico Garmus	Priscilla A. F. Alves
Teobaldo Heidemann	
Secretário executivo	
Leonardo A.R.T. dos Santos	

Editoração: Maria da Conceição B. de Sousa
Diagramação: Victor Mauricio Bello
Revisão gráfica: Alessandra Karl
Capa: Rafael Bersi

ISBN 978-85-326-6687-1

Este livro foi composto e impresso pela Editora Vozes Ltda.

Sumário

Prefácio, 11
Introdução, 15

Parte I, 21
1. Ética da educação, 23
2. Filosofia da educação, 27
    2.1 A fonte da virtude, 28

Parte II, 31
2. Princípios da educação, 33
    2.1 Principais filósofos gregos, 34
    2.2 Sócrates e Platão, 35
        2.2.1 O discurso educacional, 36
        2.2.2 Maiêutica, 37
        2.2.3 Teoria da reminiscência, 38
        2.2.4 Contexto, 39
    2.3 Origem, 40
    2.4 Academia, 40
3. Projeto educativo, 43
    3.1 Verdade platônica, 44
    3.2 Aristóteles e o propósito da educação, 46
    3.3 Metafísica, 49
    3.4 Ato X potência, 51
4. Tomás de Aquino e o processo educativo, 53
    4.1 Ponto de vista pedagógico, 55
    4.2 Tratado da prudência, 56
    4.3 Competência do sujeito, 58

4.4 *Suma teológica*, 59
4.5 Transformação pelo conhecimento, 60
4.6 Legado, 61
5. Outros grandes filósofos, 65
   5.1 Erasmo de Roterdã (1466-1536), 65
      5.1.1 Antropocentrismo, 66
      5.1.2 Crítica às escolas, 67
      5.1.3 Centro do saber, 68
   5.2 Thomas Hobbes (1588-1679), 69
      5.2.1 Pioneiro, 70
      5.2.2 Principais ideias, 72
      5.2.3 Três fases, 73
   5.3 René Descartes (1596-1650), 75
      5.3.1 Inquietações, 76
      5.3.2 Revolução na filosofia, 77
      5.3.3 Principais ideias, 78
      5.3.4 Racionalismo, 78
      5.3.5 As regras do método cartesiano, 80
      5.3.6 *Cogito*, 80
   5.4 Jean Jacques Rousseau (1712-1778), 81
   5.5 John Dewey (1859-1952), 85
      5.5.1 História, 86
      5.5.2 Experimentalismo, 87
      5.5.3 Escola-laboratório, 87
      5.5.4 Liberdade intelectual, 89
   5.6 Antônio Gramsci (1891-1937), 90
      5.6.1 Escola unitária, 91
      5.6.2 Importância da escola, 92
      5.6.3 Hegemonia, 93
      5.6.4 A mente antes do poder, 94
      5.6.5 Acesso dominante, 95
      5.6.6 Ensino desinteressado, 96
6. A ciência do raciocínio, 97

Parte III, 99
7. Início do ensino no Brasil, 101
   7.1 Primeiros colégios, 102
   7.2 José de Anchieta, 104
      7.2.1 Expansão, 105
      7.2.2 Diversidade, 105
   7.3 Expulsão, 107
      7.3.1 Consequência imediata, 108
   7.4 Primeiras letras, 109
   7.5 Nível superior, 111
   7.6 Instrução primária e secundária, 113
8. Educar ou ensinar?, 115

Parte IV, 119
9. Ensino no século XIX, 121
   9.1 Difusão do ensino público, 122
   9.2 Ensino jurídico, 125
   9.3 Ensino profissionalizante, 126
   9.4 Ensino rural, 128
   9.5 Formação do magistério, 130
   9.6 Criação da universidade, 132
   9.7 Ensino universitário, 133
10. Distrito Federal, 137
   10.1 Anísio Teixeira e a Universidade do Distrito Federal (UDF), 138
11. A revolução do ensino, 145

Parte V, 149
12. Filosofia da educação no Brasil, 151
   12.1 Reformas, 153
   12.2 Educação do povo, 154
   12.3 Pioneiros da educação nova, 156
   12.4 O baiano Afrânio Peixoto, 158

12.5 Carneiro Leão e a reforma da educação, 159
12.6 Júlio de Mesquita e a Universidade de São Paulo (USP0), 161
12.7 Fernando de Azevedo e a Escola Nova, 163
12.8 A orientação educacional de Edgar Sussekind, 165
12.9 A revolucionária Amanda Álvaro Alberto, 167
 12.9.1 O médico e antropólogo Roquette-Pinto, 171
 12.9.2 A voz de Cecília Meirelles, 173
 12.9.3 O legado de Noemy da Silveira, 175
13. Uma política nacional de Educação, 179

Parte VI, 183
14. O Plano Nacional de Educação, 185
 14.1 A Constituição de 1946, 187
15. A Guerra dos 13 Anos, 189
16. A Lei de Diretrizes e Bases, 193
17. Pedagogia do Oprimido, 199
 17.1 Paulo Freire, patrono da educação no Brasil, 201
  17.1.2 Coerência, 204
  17.2.3 Realidade atual, 205
18. Que educação queremos?, 207

Parte VII, 211
19. Educação é a base, 213
 19.1 Dez competências, 217
20. Dialética entre educação e ciência, 221
21. Autonomia, 225
22. Inteligência Emocional, 235

Parte VIII, 237
23. Escola do século XXI, 239
 23.1 Protagonismo do aluno, 241

23.2 Investimentos, 242
23.3 Crise de aprendizagem, 245
24. Renda e produtividade, 247
25. Metacognição, 249
25.1 Pedagogia moderna, 251
26. Desafios, 253
27. Autoavaliação, 257
28. O ensino da literatura, 261
29. Matemática, 265
30. Ética religiosa, 271
31. Temas transversais, 273
31.1 Sapiência, 274
31.2 Antropoética, 277
32. Dificuldades de aprendizagem, 285
33. Prioridade, 289
34. Esperança na inovação, 293
34.1 Futuro, 294
35. A cultura da inovação, 299
35.1 Terceira onda, 300

Referências, 305
Biografias, 307

Prefácio

Os prejuízos trazidos pela pandemia à educação são de extrema gravidade. Devemos estar atentos às lições aprendidas ao longo da crise para corrigir os novos caminhos.

A tradição educativa ocidental determinou, por séculos, uma educação voltada para o saber cumulativo de conteúdo, intimamente ligado ao comportamento verbal dos professores, no qual a preocupação maior sempre foi pautada na obtenção de grau quantitativo e não qualitativo. Esse modelo de escola já não nos leva a uma aprendizagem efetiva, pelo fato de estar em desarmonia não só com as mudanças de comportamento social, quanto aos avanços tecnológicos. Isso ficou evidente com a marcha da pandemia de covid-19, que provocou uma mudança abrupta no modelo de ensino, com a introdução do hibridismo. Recuperar a perda de aprendizagem nesse período, considerando o melhor uso da tecnologia para a educação, tornou-se emergencial.

O professor é o agente educacional básico. É ele quem interage com o aluno quase o tempo todo. Por paradoxo, o magistério, em geral, não recebe a consideração merecida. Quando falamos em ensino híbrido, a ideia é que a modalidade seja mais participativa, sem jamais substituir o professor. É fundamental que o Estado assuma a responsabilidade de oferecer formação aos educadores, a fim de que a tecnologia trabalhe a favor do projeto pedagógico.

A incompetência camuflada em exteriorizações burocráticas de poder acadêmico formal é fonte de insucessos. Todos têm condições de exercer influência na construção do bem coletivo – dirigentes, professores, orientadores, auxiliares, alunos e pais. A integração sistêmica desses personagens no contexto pedagógico-organizacional é relevante à sinergia e aos resultados. O modelo híbrido requer adaptações no currículo, que exigem a colocação em marcha de uma urgente estratégia de redução das desigualdades.

Com a experiência de muitos anos de magistério, na Universidade do Estado do Rio de Janeiro, da qual se tornou doutor em Educação e professor titular de História e Filosofia da Educação, depois de ter passado pelas áreas de Matemática e Administração Escolar e Educação Comparada, o Professor Arnaldo Niskier revisitou alguns fundamentos da história e filosofia da educação com a finalidade de registrar algumas lições para as novas gerações de educadores. É o futuro do Brasil que está em jogo, numa partida que perder significa prejuízos incalculáveis para todas as dimensões da sociedade.

É certo que ainda não podemos ter respostas conclusivas de como deverá ser a melhor prática ou metodologia adotada no modelo híbrido de ensino que veio para ficar. Mas é fato que a travessia do período de crise derivada da pandemia nos levou a concluir que não se pode voltar a lecionar apenas no modelo tradicional. É urgente reverter o quadro que ceifou o direito ao desenvolvimento pleno de uma geração inteira, anulada pela dificuldade de planejamento público e pela falta de priorização da educação.

Este livro não tem a pretensão de ditar diretrizes nem apontar métodos nas lições a seguir. Por ora, seguimos o lema de que o aprendizado é contínuo. Acreditamos que é preciso encarar os nossos desafios históricos, revisitando os modelos e as práticas que já deram certo. Só assim podemos projetar, com maior lucidez, um futuro com as necessárias transformações estruturais das experiências educacionais.

Lições do passado e perspectivas para o futuro devem se unir para fornecer as ferramentas necessárias ao crescimento e à evolução permanente da sociedade. Esse é o propósito das páginas a seguir.

Manoela Ferrari
Professora, jornalista, escritora; membro correspondente da Academia Espírito-santense de Letras.

Introdução

Há alguns aspectos fundamentais a serem considerados, que atestam o grau de periculosidade a ameaçar os passos do homem em direção ao seu destino. Foram tratados pelo Acadêmico Tarcísio Padilha como "poluição do conhecimento e poluição moral".

O conhecimento, hoje, em parte, cede espaço à informação. Este é apenas um dado preliminar à elaboração cognitiva. O conhecimento processa as informações, mas essas, por si mesmas, nada representariam para o desenvolvimento consistente da humanidade. Pelo contrário. O excesso de informações inúteis provoca a obstrução dos canais de construção do conhecimento. Passivamente, acumulamos um "lixo" de informações desnecessárias.

Explica Padilha:

> Conhecimento é elaboração mental, travada com rigor lógico e, frequentemente, lastreada em experiências seriamente apreendidas. Raciocínio e experiência constituem os pilares de conhecimentos sólidos e válidos. Informações sobre fatos isolados, sem nenhuma explicação de sua razão de ser, em nada enriquecem o ser humano.

O autor sublinha a existência inquestionável da poluição moral:

Os costumes hodiernos parecem haver voltado as costas para valores que a humanidade timbrou sempre em preservar. O amor se confundo com o sexo, a fidelidade e a honestidade merecem risos de mofa, a integridade se visualiza como anormalidade. É a lei do Gérson, que invade as consciências e as sufoca, impedindo que os valores perenes do espírito se afirmem em toda a sua pujança. Instituições, homens públicos, empresários, trabalhadores de todas as categorias parecem ter aceitado que nada mais há a fazer, senão aceitar as novas regras da convivência social, e assim aderem ao nível baixo das contravenções e crimes encarados com naturalidade.

A contribuição de Tarcísio Padilha à cultura brasileira se fez por intermédio de dezenas de crônicas e sete livros publicados, entre os quais se pode destacar *Uma filosofia da esperança*, obra lançada em 1982, e que levou a *Encyclopédie Philosophique Universelle*, de Paris, a incluir o autor entre os 5 mil filósofos mais importantes de todos os tempos, desde a remota filosofia oriental.

No âmbito de uma filosofia existencial, figura a riqueza da esperança como fonte de indagação metafísica. De forma original, são combatidas com veemência, em *Uma filosofia da esperança*, todas as formas de pessimismo, sem acomodação ao ceticismo desagregador.

A filosofia da esperança, de Tarcísio Padilha, é uma forma original de redescoberta do sentido da existência, longe das características do negativismo. Ao entregar-se ao estudo dos grandes mestres da interioridade (Sócrates, Agostinho, Pascal, Kierkegaard, Unamuno, Marcel, Lavelle etc.), o acadêmico alcança as raízes mais profundas da esperança humana. Somente do encontro com Deus, nasce aquele confiante abandono do que se chama esperança.

Crítico do *nazismo* e da *solução final* concebida nas oficinas da malignidade em que se transformou o regime que atormentou o planeta, em seus 12 anos de vigência absoluta, Padilha interpretou as palavras de Theodor Adorno, filósofo alemão da Escola de Frankfurt, para quem, depois de Auschwitz, não se poderia mais idoneamente falar em filosofia. Pois a "filosofia da esperança" é um formal desmentido à tese de Adorno.

Seis milhões de vidas arrancadas dos seus lares e sacrificadas com perversidade, embora o povo judeu tenha oferecido à humanidade, ao longo do tempo, vultos notáveis que engrandeceram o patrimônio cultural comum. Não é sem razão que Sua Santidade o Papa João Paulo II sugeriu que se preste mais atenção às ideias "dos nossos irmãos mais velhos, os judeus".

É saudável que a filosofia ocupe a mente dos homens, para que haja melhor uso da inteligência, maior coerência de modo geral e, nas opções religiosas, melhor compreensão do papel da ciência e das artes na vida humana.

O que se deseja é o equilíbrio entre a necessária captação de dados e o exercício da reflexão crítica, para que se viva a harmonia entre o lógos e o empírico. Assim se evitará a erudição vazia, e se promoverá a vivificação dos conhecimentos que embasam a cultura. Esta, sim, é vida e riqueza do espírito.

Os desafios da contemporaneidade mexem com a cabeça das pessoas. Tudo enseja um aprofundamento freudiano ou lacaniano. Assim como Illich falou na desescolarização, hoje, cita-se a desconstrução, com o risco muito sério de se estar correndo atrás do nada.

A afetividade eventualmente descuidada pelos filósofos ganha espaço na vendagem de livros de autoestima. Por serem obras de oportunidade, não resistirão à poeira do tempo.

Pensadores que visitaram o Brasil, aqui disseminaram suas ideias, como Noam Chomsky, Alain Badiou, Alain Touraine, Edgard Morin (o homem do olimpismo moderno), Claude Leport, Karl Apel, Yuval Harari e muitos outros.

Esse *frenesi*, alcançado por uma aura de ceticismo, não é de todo negativo, pois enseja maior discussão sobre o mistério do ser e da existência, no "possibilismo gnosiológico", na normatividade ética e jurídica, na visão global da sociedade e do Estado. É um período de indisfarçável riqueza cultural.

Todos nos questionamos a respeito do conhecimento, do ser, da existência, dos valores. Se tudo é questionável, à filosofia compete a tarefa primacial de buscar respostas ou de mostrar os limites do humano entendimento.

Se a moda filosófica invade as universidades, o fato pode ser saudado como um sintoma de que os nossos jovens finalmente se entregam à reflexão crítica que os fará melhores e mais felizes.

O mundo parece sofrer atualmente uma crise de identidade. Valores são dessacralizados, como se assim se abrisse espaço para a inevitável sociedade da informação. O vazio axiológico não é o melhor caminho para a tecnologia.

Todo o progresso só é válido se se fizer em função do homem, para a valorização do espírito humano, e não da máquina. Se Nietzsche decretou a morte de Deus, a esse pensamento se pode contrapor a afirmação de Foucault: "Não, o homem é que morreu".

Vivemos um período de eclipse, felizmente reversível, em que Deus e os homens manterão sua essência religiosa. E poderemos valorizar a liberdade como dom divino, portanto, de consciente e rica participação criadora.

O ser humano, desde os primórdios até hoje, está atravessando um processo de evolução natural e tudo isso, em pleno século XXI, também abrange o âmbito tecnológico. É de extrema importância que vejamos a Inteligência Artificial (IA) como nossa aliada, não como substituta à inteligência humana.

Parte I

1
Ética da educação

A educação pode ser um instrumento poderoso tanto de emancipação individual como de subserviência a sistemas de governo. Tanto é libertação como sujeição do indivíduo ao poder e às normas do Estado. No primeiro caso, torna o indivíduo reflexivo e crítico; no segundo, transforma-o em parte da massa. A educação é uma experiência própria ou o resultado de experiência doutrinária e da propaganda.

De um modo ou de outro, a educação envolve considerações éticas, epistemológicas e até mesmo metafísicas. As primeiras referem-se ao processo educacional em seu conjunto social ou político e em suas dimensões religiosas e morais. Quando se fala de motivação da aprendizagem ou dos objetivos da educação, fala-se de problemas éticos ou de valor. Ou ainda, trata-se de filosofia prescritiva porque vai estabelecer padrões capazes de aferir valores ou julgar comportamentos. Procura estabelecer o que é bom em oposição ao mau, o que é certo em relação ao que se considera errado. É essa filosofia normativa que procura descobrir e recomendar princípios que permitam decidir quais ações ou qualidades são mais meritórias e resultam sempre de um contexto social ou político ou de dimensões religiosas e morais.

Sob o aspecto epistemológico, a educação trata da natureza do conhecimento e de como este é organizado e ensinado. Sua abrangência é uma concepção da verdade e da liberdade com aquilo que é ensinado. O aspecto epistemológico trata de um pensamento analítico que se concentra nas palavras e no seu significado. Examina noções de causa, mente, igualdade de oportunidades, por exemplo, a fim de avaliar seus significados e até as incoerências que podem surgir. A filosofia analítica é cautelosa quanto a significados, porque estes podem ser desvirtuados quando fora do seu contexto inicial.

Na dimensão metafísica, a filosofia aborda a natureza do homem ou a existência de algum elemento que a afete. A metafísica apoia-se na insatisfação sobre a natureza real do mundo no qual a educação se realiza.

Os filósofos da educação são unânimes em que a educação deveria considerar as realidades do mundo, mas, ao mesmo tempo, perguntam-se "qual mundo?", uma vez que a realidade é fragmentada. Embora reconheça as mudanças no mundo, a consideração metafísica admite que muitas coisas não mudam; daí a aceitação de alguns objetivos como perenes e imutáveis. A metafísica é um pensamento sistemático sobre tudo aquilo que existe; uma tentativa de descobrir princípios de coerência no domínio global do pensamento.

Se englobarmos essas três considerações, a filosofia da educação é um ramo da filosofia formal, modificada por ideias que se destacam de todas as áreas do empreendimento educacional.

Desta forma, a filosofia pode dar uma contribuição profunda à compreensão da educação, e não cabe numa só definição. Ela é a unificadora das diversas descobertas da ciência, permite a superação de crenças e enfoques empíricos e procura fazer inter-relacionamentos dos conceitos fundamentais que tais descobertas pressupõem. Enquanto a filosofia da ciência estuda os conceitos básicos da ciência, a do direito, as ciências básicas do direito, a filosofia da educação ocupa-se dos problemas da educação.

É esse aspecto da filosofia da educação que percebe o mundo em mudança constante, não aceitando, portanto, que os objetivos educacionais sejam fixos e finais. Propõe, então, uma reconstrução permanente da experiência e um crescimento criativo e progressivo da educação, somente subordinado a mais crescimento. Nesse processo, porém, intervém a natureza do futuro, o que faz com que a educação se concentre no aqui e no agora.

No pensamento filosófico sobre a educação, esta deve ser compreendida em sua integridade e interpretada por meio de conceitos gerais e como guia para escolha de objetivos e diretrizes educacionais. Em segundo lugar, é preciso que se interpretem as conclusões e descobertas das diversas ciências no seu relacionamento com a educação.

Em outras palavras, a educação deve se constituir em uma tomada de posição explícita sobre a problemática educacional em todos os níveis e não deve ser confundida com a administração escolar, organização de currículos e temas semelhantes.

Embora a filosofia não forneça respostas finais a todas as questões, ela oferece respostas possíveis para nossas perguntas. Desta forma, uma tomada de posição sobre a problemática educacional pode encontrar embasamento na filosofia. Esta é capaz de transmitir conhecimento e ampliar pensamentos, além de oferecer um "exame crítico dos fundamentos de nossas convicções, preconceitos e crenças".

2
Filosofia da educação

A maneira mais simples é considerar a filosofia da educação sob o ponto de vista do senso comum. Este é conveniente para as questões imediatas, mas está sujeito a controvérsias, como no caso do infanticídio na Grécia antiga, que atendia ao ideal espartano, porém, repugnava a outras culturas. De toda maneira, o senso comum tem validade maior se servir a mais pessoas por mais tempo e em mais lugares. Em algumas culturas, a educação processava-se por via oral, mas derivava de um consenso do clã.

Sob o ponto de vista filosófico, estão incluídos os aspectos que podem ser rigidamente controlados e todo e qualquer fator que possa, direta ou indiretamente, ser relevante para a abordagem do problema.

Na educação moral, por exemplo, são considerados princípios como lealdade, obediência, perseverança. Mas até onde tais fatores são relevantes na educação quando quadrilhas também valorizam tais princípios?

Os propósitos ou princípios tornam-se válidos se adequados para a sociedade em que se vive ou aquela em que se deve viver. Por esse motivo, a filosofia da educação não pode prescindir de procurar apoio na biologia, na história da educação, na sociologia, na política, na economia, na religião, na moral.

2.1 A fonte da virtude

A base do estoicismo é aceitar as coisas como elas são. A doutrina filosófica de Zenão de Cicio, seu fundador, também chamada Doutrina do Pórtico, local de reunião dos seus discípulos, durou cerca de cinco séculos. Suas figuras mais notáveis foram Sêneca e Epíteto. Para eles, temos que aceitar as nossas imperfeições (o cristianismo pegou algumas ideias do estoicismo). Segundo os seus cultores, "a adversidade é a melhor fonte da virtude". Devemos ser guiados pela paixão, com os naturais defeitos de cada um de nós.

O estoicismo é uma forma de panteísmo. Tornou-se relevante por causa de sua moral: a obediência apenas à razão, ficando indiferente às circunstâncias exteriores (fortuna, saúde, dor etc.). Na Escola Secundária Angel Guimará, onde foi gravada a série espanhola *Merlí*, a palavra estoicismo é muito utilizada, sobretudo com o sentido de austero. Como exemplo, há uma cena em que o professor se dirige a um aluno e sugere: "Seja estoico e deixe aquela menina em paz".

Depois, focaliza Nicolau Maquiavel (1469-1527), que viveu em Florença, no tempo dos Médici. Pensando numa Itália unificada, esboça a figura do príncipe capaz de promover um Estado forte e estável. Valoriza a ciência política e escreve, em 1513 *O príncipe*, com suas interpretações e controvérsias. Trata-se de uma sátira que procura desmascarar práticas despóticas. Chamamos de "maquiavélica" uma pessoa sem escrúpulos, traiçoeira, que usa da mentira e da má-fé para atingir seus fins. A ela atribui-se a frase "Os fins justificam os meios". Constitui dever do príncipe manter-se no poder a qualquer custo. Mas Maquiavel distingue o bom governante, forçado pela necessidade a usar da violência visando ao bem coletivo, e o tirano, que age por capricho ou interesse próprio. O príncipe deve ser um indivíduo especial, dotado de "virtú" (virtude no sentido grego de energia, força ou valor). Maquiavel se baseava nas pequenas tiranias italianas do século XVI. Isso não pode ser comparado às ditaduras modernas. Segundo o clássico de Maquiavel, "ao apoderar-se de um Estado, o conquistador deve determinar as injúrias que precisava levar a efeito, e executá-las todas de uma só vez, para não ter que renová-las dia a dia".

Parte II

2
Princípios da educação

A educação é o meio pelo qual a sociedade transmite seus princípios e valores. É reforçando a educação que reforçamos conhecimento do mundo, tornando-nos capazes de melhorá-lo. Teoria e prática devem sempre andar juntas. Não existe um significado exclusivo para o que é a educação. Seus princípios variam conforme a época, o lugar, as circunstâncias, a concepção ideológica e política de um dado momento, através de um plano de educação.

Alguns estudiosos da área acreditam que a educação é resultado de doutrinas filosóficas, e os educadores são, de fato, filósofos. Por isso, a filosofia da educação é importante na construção e desenvolvimento do processo educacional em tantos aspectos. Vejamos alguns:

- Ajuda a entender, manter ou modificar o processo educacional de uma instituição de ensino;
- Identifica conflitos e contradições em qualquer teoria pedagógica que possa atrapalhar o processo educacional dos alunos;
- Desenvolve a capacidade humana de levantar ideias e discutir sobre as diferentes teorias pedagógicas e como elas afetam a vida individual e social dos alunos;

- Direciona a instituição de ensino a entender seu propósito na educação social dos alunos;
- Auxilia e dá apoio no objetivo significativo de qualquer instituição educacional, que é o de qualificar uma pessoa para a vida pública e ser um membro efetivo da sociedade.

2.1 Principais filósofos gregos

Os principais filósofos gregos desenvolveram visões filosóficas da educação que foram incorporadas em suas teorias mais amplas e gerais.

Recuando no tempo, é possível verificar o quanto a conceituação pode assumir formas diversas, ao sabor da história e da necessidade de preparar o homem para uma determinada posição.

Platão (427/428-347/348 a.C.), por exemplo, achava que "uma boa educação consistia em dar ao corpo e à alma toda a beleza e toda a perfeição de que são capazes".

Em Esparta, a educação voltava-se para a preparação de guerreiros, sem interesse algum pela literatura ou pelas artes; em Atenas, dava-se ênfase a uma visão mais universal da cultura. Os romanos, ocupados com sua tarefa de expansão, valorizavam a formação do patriota através do sistema escolar.

O próprio Aristóteles (384-322 a.C.) há 2.500 anos, em sua obra *Política*, já se preocupava com o problema da educação, admitindo mesmo que sua prática, em vigor naquela época, era de perplexidade.

Ninguém sabia sobre qual princípio se deveria proceder: sobre a utilidade da vida? Ou seria a virtude esse princípio? Ou seria um conhecimento mais elevado o objetivo da educação? Considerava Aristóteles que sobre esses três significados não havia consenso, uma vez que as ideias divergiam sobre a natureza da virtude e, *ipso facto*, sobre sua prática.

Esse filósofo e seus contemporâneos discordavam sobre o que seria a educação da juventude naquela época. As condições sociais predominantes naquele momento estavam em mudança: da elite governamental passava-se à democracia e a Grécia liderava o desenvolvimento comercial e econômico no Mediterrâneo, provocando um questionamento filosófico.

Para Sócrates, a educação tinha como última instância uma função social. Assim, não era o brilhantismo de cada um o mais importante, mas a forma como as ideias de cada um são disseminadas e o modo como podem modificar a sociedade, de tal forma que a inteligência e a moralidade se combinassem.

Na época renascentista, o homem achava imprescindível o desenvolvimento de todos os seus interesses: físicos, mentais, estéticos e espirituais. A valorização da autoexpressão e da confiança no próprio homem levou o humanismo a se tornar um dos movimentos mais significativos da educação.

2.2 Sócrates e Platão

Sócrates (470 a.C.-399 a.C.) afirmou que era fundamental uma educação que buscasse o raciocínio e identificasse as razões para justificar as crenças, julgamentos e ações humanas.

Esse pensamento deu origem à ideia de que a educação deveria encorajar, em todos os estudantes e pessoas, a busca da razão.

Essa teoria também tem sido compartilhada pela maioria das grandes figuras da história da filosofia da educação, apesar das diferenças em suas outras visões filosóficas.

2.2.1 O discurso educacional

Platão (427-348 a.C.), aluno de Sócrates, defendeu a afirmação de seu mestre, apoiando a ideia de que a tarefa fundamental da educação é ajudar os alunos a valorizarem a razão. Sendo assim, afirmava que a sabedoria deveria estar acima do prazer, da honra e de outras atividades consideradas menos dignas. Estabelecendo uma visão da educação em que diferentes grupos de estudantes receberiam diferentes tipos de educação, dependendo de suas habilidades, sua visão utópica foi vista como um precursor do que veio a ser chamado de "ordenamento educacional".

O filósofo grego tem muito a nos falar sobre educação e conhecimento. Na relação com o seu mestre é possível identificar algumas noções para se repensar o ensino. Muito do que sabemos sobre Sócrates tem como fonte seu discípulo Platão que o seguia nos inúmeros debates.

Nos diálogos socráticos, imortalizados por Platão, encontramos discussões sobre ética e determinadas virtudes, como coragem, piedade, amizade, dentre outras. Uma característica marcante desses textos é a capacidade de apresentar diferentes modos de conceituar as virtudes, mostrando sua fragilidade sem propor uma conclusão. A questão fica em aberto. Ou seja, são diálogos conhecidos como aporéticos.

Sócrates, apresentado nesses textos, não se contenta facilmente com qualquer definição. Não está interessado em casos em que se reconheça a amizade, por exemplo. Aposta, antes, em questionar até que algo resiste às suas indagações.

Esse aspecto pode estar relacionado à maneira socrática de pensar e de compreender o mundo, em que antes se preocupa com o conhecimento de si mesmo e não conclusivamente com definições de conceitos.

2.2.2 Maiêutica

Como herança, temos um modo especial de reflexão filosófica: a maiêutica, um processo dialético e pedagógico socrático com múltiplas perguntas. Pode-se chegar a um conceito geral sobre o objeto em questão, mas nos diálogos socráticos, quase sempre, temos a destruição total ou parcial do estabelecido, dos preconceitos e valores inquestionáveis.

Falamos mais de Sócrates até então pelo fato de que apenas num estudo mais aprofundado é possível diferenciar a autoria de algumas ideias. Nos diálogos, Sócrates fala pela escrita de Platão. Mesmo com esse alerta, não podemos ignorar suas ideias, que influenciam o pensamento ocidental até os nossos dias.

Para Platão, o objetivo final da educação é a formação do homem moral e o meio para isso deve ser o Estado que represente a ideia de justiça. Sobre esse tema, uma de suas maiores obras, *A república*, nos ajuda a pensar a educação a partir da sociedade que queremos.

Na alegoria da caverna, por exemplo, Platão mostra que todos querem o conforto e a segurança de um mundo sem conflitos ou desordens, simples e facilmente compreensível. É o que acontece com os prisioneiros da caverna, que conhecem apenas as sombras projetadas. Ou seja, desconhecem o Sol, sua luz e os objetos do mundo possíveis apenas para quem deixa as correntes para sair da caverna.

Nesse sentido, para Platão, educação é liberdade, é um processo capaz de nos tirar de uma condição de ignorância. Mas não pode ser pela força: "Porque o homem livre não deve ser obrigado a aprender como se fosse escravo. Os exercícios físicos, quando praticados à força, não causam danos ao corpo, mas as lições que se fazem entrar à força na alma, nela não permanecerão", diz Sócrates, no livro VII de *A república*. E continua: "[...] não uses de violência para educar as crianças, mas age de modo que aprendam brincando [...]".

2.2.3 Teoria da reminiscência

Outra noção importante em Platão é a teoria da reminiscência. Nela, o homem é concebido como um ser que nasce com sabedoria, mas não enxerga bem. No diálogo Mênon, de Platão, Sócrates mostra que um escravo não precisa aprender sobre a verdade da matemática para resolver uma questão. O conhecimento é retirado do próprio saber. Por meio de algumas indagações, o filósofo faz lembrar no escravo algo nunca ensinado.

Platão também é reconhecido como o fundador da primeira escola filosófica orientada para a política, que teve um êxito bastante expressivo. Formada por docentes (como Xenócrates, Teeteto e Aristóteles), a academia tinha como método o debate. Os alunos não pagavam pelo estudo, como acontecia com os sofistas, contemporâneos de Sócrates, que atribuíam a si a profissão de ensinar a sabedoria e a habilidade. Os sofistas mais conhecidos são Protágoras (que afirmava ser o homem medida de todas as coisas), e Górgias (que se preocupava com a linguagem).

2.2.4 Contexto

Para contextualizar melhor, apresentamos suscintamente quem foi Platão. Nascido no ano 348/347 a.C., na cidade de Atenas, na Grécia, foi filósofo e matemático. Com ajuda de Sócrates, solidificou os pilares da filosofia natural. Não só da filosofia, mas também da ciência e da filosofia ocidental.

O fato de ter Sócrates como uma inspiração o torna um escritor com base. Sua obra é entendida como socrática em decorrência de ser composta de trinta e cinco diálogos e treze cartas que são creditados a Sócrates.

A interação de Platão com as ideias socráticas se plenifica na configuração da filosofia em si que se resume na busca do conhecimento do homem e do mundo com profundidade e rigor metodológico. Com a finalidade de refletir sobre a essência e a natureza do universo, se faz reflexões sobre questões como ética, política e outros temas, como o tempo e a verdade.

2.3 Origem

A palavra filosofia é grega. É composta por duas outras: *philo* e *sophia*. *Philo* deriva-se de *philia*, que significa amizade, amor fraterno, respeito entre os iguais. *Sophia* quer dizer sabedoria e dela vem a palavra *sophos*, sábio.

Filosofia significa, portanto, amizade pela sabedoria, amor e respeito pelo saber. Filósofo: o que ama a sabedoria, tem amizade pelo saber, deseja saber. Assim, filosofia indica um estado de espírito, o da pessoa que ama; isto é, deseja o conhecimento, estima-o, procurando-o e respeitando-o.

Atribui-se ao filósofo grego Pitágoras de Samos (que viveu no século V a.C.) a invenção da palavra filosofia. Pitágoras teria afirmado que a sabedoria plena e completa pertence aos deuses, mas que os homens podem desejá-la ou amá-la, tornando-se filósofos.

Parte-se dessa reflexão para implantar o valor da filosofia nos projetos educacionais. O respeito pelo saber que define um filósofo é muito importante para as aproximações que desejamos constituir neste estudo.

2.4 Academia

Em 387 a.C., Platão fundou a *academia*, espaço configurado para uma escola de filosofia que atuava com a finalidade de recuperar e desenvolver as ideias e pensamentos socráticos. Valorizando os métodos de debate e conversação como formas de alcançar o conhecimento, a contribuição de Platão para o saber é imensurável.

A educação não deveria medir esforços para o desenvolvimento intelectual e físico dos cidadãos. Para os alunos de classes menos favorecidas, Platão dizia que deveriam buscar um trabalho a partir dos 13 anos de idade. Em relação à educação da mulher, já naquela época, afirmava que deveria haver condição de igualdade; ou seja, a mesma educação aplicada aos homens.

A escola seria, portanto, o exato espaço onde o saber e o desejo de saber estão em harmonia. Para Platão, a filosofia é aplicação do saber, é a interação do aluno com o conhecimento. A educação deveria funcionar como forma e instrumento para desenvolver o homem moral. Assim, haveria uma unicidade, uma equiparação do que pensamos como educação e a essência da filosofia.

No livro VII de sua obra mais complexa – *A república* – Platão fala sobre o *Mito da caverna*, quando usa uma alegoria para explicar suas teorias. O diálogo travado entre Sócrates, personagem principal, e Glauco, seu interlocutor, visa a apresentar ao leitor a teoria platônica sobre o conhecimento da verdade e a necessidade de que o governante da cidade tenha acesso a esse conhecimento.

O mito fala sobre uma caverna onde viviam pessoas acorrentadas de tal modo que eram forçadas a permanecer ali, sempre no mesmo lugar. As pessoas viviam assim desde a infância. Dessa forma, não podiam ver a entrada do lugar. O mundo delas se restringia somente a enxergar o fundo da caverna, onde existia, no interior, uma fogueira que lhes possibilitavam ver as sombras das coisas que passavam atrás de suas costas.

O mundo, para os habitantes da caverna, se resumia naquela projeção de espectros. Homens passam ante a fogueira, fazem gestos e passam objetos, formando sombras que, de maneira distorcida, são todo o conhecimento que os prisioneiros tinham do mundo. Aquela parede da caverna, aquelas sombras e os ecos dos sons produzidos era o mundo restrito dos prisioneiros.

De repente, um deles conseguiu se libertar. Andando pela caverna, percebeu que ali havia muitas pessoas presas e uma fogueira projetando as sombras que ele julgava ser a totalidade do mundo.

Ao encontrar a saída da caverna, o ex-prisioneiro se assusta ao deparar-se com o mundo exterior. A luz solar ofusca a sua visão e ele se sente desamparado, desconfortável e deslocado.

Aos poucos, sua visão vai se acostumando com a luz e ele começa a perceber a infinidade do mundo e da natureza que existe fora da caverna. Aquelas sombras, que ele julgava ser a realidade, na verdade, são cópias imperfeitas de uma pequena parcela do real.

O prisioneiro liberto poderia fazer duas coisas: retornar para a caverna e libertar os seus companheiros ou viver a sua liberdade. Uma possível consequência da primeira possibilidade seriam os ataques que sofreria de seus companheiros. Sem conhecer o mundo exterior, sem ver para acreditar, eles o julgariam louco. Em detrimento desse julgamento, essa era uma atitude necessária, pois libertar seus companheiros da escuridão, dando-lhes a opção de escolha, seria a coisa mais justa a se fazer.

O mundo em que vivemos é a caverna hoje. Platão dispõe, hierarquicamente, os graus de conhecimento com essa metáfora, ao apontar que existe um modo de conhecer, de saber, que é o mais adequado para se pensar com sabedoria e justiça.

3
Projeto educativo

A *república* contém em suas páginas o que se poderia chamar de projeto político-educativo. Toda a argumentação ali proposta recai, fundamentalmente, sobre duas questões: a política na pólis e a educação do cidadão.

A estreita relação entre o projeto educativo e o projeto político de Platão é ressaltada, destacando-se a possibilidade de transformar a vida na pólis através da educação filosófica de homens sábios e justos.

A filosofia, portanto, é filha da pólis. Sendo assim, a filosofia é política, de modo que é impossível a separação dessas duas instâncias. Ao elaborar uma doutrina, onde somente os filósofos, eternos amantes da verdade, teriam condições de se libertar da caverna, das ilusões dos sentidos, e caminhar em busca da sabedoria, Platão imagina uma sociedade ideal, que seria governada por reis-filósofos (sábios). Essas pessoas teriam todo conhecimento de uma sociedade do bem, pois, aquele que, pela contemplação das ideias, conheceu a essência do bem e da justiça deve comandar a cidade. E Platão entende que a educação tem um papel fundamental nesse processo.

Em relação ao projeto educativo do rei-filósofo, significa que esse dirigente, na qualidade de governante da pólis, precisa superar o mundo das aparências, das crenças, da ignorância, da irracionalidade, enfim, o mundo das opiniões. Só através da razão e da ciência poderia atingir o mundo inteligível. Muito apropriada essa teoria, aplicável a todos os tempos.

Portanto, podemos concluir que o "processo de saída da caverna" – da ilusão do mundo sensível para o mundo inteligível – corresponde a todo um processo pedagógico e de aprendizado. O mundo do conhecimento, no entanto, não está livre de obstáculos: quando se sai da caverna e se depara com a luz do sol, fica-se, temporariamente, cego e impedido de ver os objetos do mundo inteligível tal como de fato são. Mas a condição de homem livre já não é a dos presos acorrentados, que não viam senão sombras do mundo real.

O homem sai da caverna e conhece a realidade do mundo inteligível. Descobre que vivia acorrentado em sua própria ignorância, em um mundo de ilusões, que era falso e que existe outra realidade além daquela escuridão.

Platão, ao propor um novo modelo educativo em *A república*, objetiva tirar pessoas da caverna da ignorância. A alegoria da caverna é uma metáfora perfeita para justificar a necessidade da educação na criação de um novo cidadão, com o qual será possível construir um mundo melhor e mais justo e de como a educação deve ser um processo para aquisição de novos conhecimentos.

3.1 Verdade platônica

A educação platônica é uma educação comprometida com o ensino da verdade. Todo o sistema educacional de

Platão está edificado sobre a noção fundamental da verdade, sobre a conquista da verdade pela ciência racional.

No processo educativo, o primeiro passo é o reconhecimento da natureza incompleta deste mundo de ilusões. No contexto das limitações iniciais no *Mito da caverna*, os prisioneiros tinham uma forma de olhar para o mundo e, pelo menos para eles, esta forma de ver a realidade fazia sentido. Pouco a pouco, e na medida em que são libertados, com mais luz e com outra luz, vão percebendo que esta nova forma de ver tem ainda mais sentido. Tornam-se, então, seres mais conscientes do mundo que os rodeia.

Com a exemplificação de como podemos nos libertar da condição de escuridão que nos aprisiona e através da luz da verdade para atingir novas formas de conhecimento, a alegoria da caverna traz implícita, também, toda uma teoria do conhecimento e da educação ligada a formação do Estado ideal. Mas o que é a educação sem a teoria do conhecimento?

Para saber o que ensinar é preciso saber como aprender. E antes de perguntar o que devemos ensinar, devemos saber qual o melhor processo de aprendizagem que a educação pode nos oferecer para se atingir níveis mais elevados de conhecimento. O sistema de educação platônico (*paidea*) está diretamente relacionado com os diferentes níveis e estágios do conhecimento que, para Platão, são em número de quatro (divididos dois a dois: os dois primeiros pertencentes ao mundo sensível e os dois últimos, ao mundo das ideias).

No mundo sensível o primeiro estágio é preenchido por imagens, sombras e reflexos, correspondendo ao grau de conhecimento da opinião e da suposição (ou senso comum, se assim o quisermos). O segundo estágio em um nível mais elaborado, mais "científico", mas onde prevalece ainda a crença e a opinião.

No mundo das Ideias o terceiro estágio é ocupado por objetos matemáticos, correspondendo a uma transição do conhecimento sensível ao conhecimento inteligível. E o último estágio, finalmente, pertence às Ideias, e o conhecimento não sofre qualquer interferência dos sentidos, verificando-se apenas pela via da intelecção.

Vemos, assim, que os prisioneiros da caverna são, na verdade, uma clara alusão de Platão à condição humana, pois os homens encontram-se absorvidos por suas crenças e opiniões, mas, muito longe do verdadeiro conhecimento e da sabedoria. E aquele que se libertou dos sentidos e alcançou o conhecimento absoluto é a concretização da excelência humana, o homem em sua *areté* ("adaptação perfeita, excelência, virtude").

3.2 Aristóteles e o propósito da educação

Aristóteles (384-322 a.C.) afirmou que o maior propósito da educação é promover a sabedoria e foi mais otimista do que seu mestre, o filósofo Platão, sobre as habilidades do estudante. Ele também enfatizou que a virtude moral e o caráter do indivíduo podem se desenvolver no contexto prático, guiado pela comunidade, além do campo educacional.

Em Atenas do século IV a.C., havia duas instituições de ensino para os jovens que buscavam formação superior que permitisse exercer uma atividade pública. Do lado dos sofistas, propunha-se capacitar o aluno a emitir opiniões prováveis sobre coisas úteis. Contrário a esta proposta, Platão ensinava os fundamentos para a ação como investigação científica, com enfoque nos estudos matemáticos.

Aristóteles optou pela academia de Platão, que entendia a atividade humana correta quando sustentada por uma *episteme* (ciência), fundamentos da realidade de uma determinada ação, muito distante das decisões baseadas em opiniões.

Depois da morte de Platão e de algumas andanças pela Ásia Menor, Aristóteles abriu o Liceu, escola dedicada principalmente aos estudos das ciências naturais, que passou a rivalizar com a Academia. A postura da nova escola devia-se à ligação de Aristóteles com as pesquisas biológicas de seus antepassados, que trouxe o espírito de observação e a tendência classificatória, traços fortes do seu pensamento.

Para entender a concepção de educação do filósofo grego é preciso compreender também a sua visão sobre a política. O componente inicial de uma cidade, para ele, é a família ou casa com relações entre marido e esposa, pais e filhos, senhores e servos. O objetivo é satisfazer as carências cotidianas. Várias famílias compõem uma aldeia, que possui relações entre si derivadas do poder paterno. Várias aldeias formam cidades autossuficientes, que deveriam promover uma vida boa. Não temos mais o poder paternal e suas derivações, mas um poder político.

Para Aristóteles, o indivíduo isolado torna-se "um deus" ou "uma besta". A educação, nesse contexto, deve ser mobilizada para o perfeito funcionamento da cidade.

O Estado deveria ser o responsável pela educação, adaptada à forma de governo. Os cidadãos deveriam ser formados à maneira de cada governo. Aristóteles entendia que as escolas devem estar sob o controle estatal porque o Estado só seria possível se os cidadãos aprendessem a obediência às leis. O objetivo seria conseguir a unidade social em meio à heterogeneidade étnica.

O Estado é uma pluralidade e a educação teria o papel de fazer a unidade. Tudo isso, segundo o filósofo, com vistas ao "bem"; o bem ser do intelecto e o bem fazer da ação como hábito na vida social. A felicidade individual se confundia com a felicidade da cidade. A virtude, para Aristóteles, está na conquista da felicidade e do bem.

O pensador desenvolveu seu conceito de educação partindo da ideia de imitação. O homem se educaria na medida em que copiasse a forma de vida dos adultos. Segundo a doutrina da potência e do ato de Aristóteles, o educando é potencialmente um sábio e, com a educação, ele atualiza (converte em ato) o que é suscetível de desenvolver.

Outra contribuição aristotélica importante está na sua concepção de filosofia primeira. Para ele, é o estudo dos primeiros princípios e das causas primeiras de todas as coisas que investiga "o Ser enquanto Ser".

Estamos falando de sua *Metafísica*, considerada sua obra mais importante. A metafísica aristotélica inaugura o estudo da estrutura geral de todos os seres ou as condições universais e necessárias que fazem com que exista um ser e que possa ser conhecido pelo pensamento.

3.3 Metafísica

O que há em comum entre os 14 livros que compõem a *Metafísica* (conjunto de escritos deixados por Aristóteles; separados e classificados posteriormente por Andrônico de Rodes) é que eles tratam de uma espécie de filosofia anterior, filosofia primeira ou filosofia do ser em geral.

A metafísica, papel primeiro da filosofia, seria o estudo do ser em geral. Ela seria uma espécie de ciência que não se limita a estudar uma área, como a Biologia estuda a vida ou a Matemática estuda as relações numéricas, mas a totalidade de relações científicas que explicam o mundo racionalmente. Por isso, Aristóteles chamou de filosofia primeira os seus escritos que, mais tarde, foram batizados de metafísica.

É importante salientar que, diferentemente das "filosofias da práxis" (campos filosóficos que recorrem a elementos que existem materialmente e nas relações, como a ética e a política), a metafísica é teorética, pois ela não tem uma finalidade outra, fora de si mesma, sua finalidade é o próprio conhecimento.

Aristóteles entendeu que há, no mundo, movimento constante e transformação. Por haver transformações, existem efeitos, e todos os efeitos têm, por trás de si, causas. Esse é o princípio de causa e efeito, um dos primordiais para a metafísica aristotélica. As causas mais básicas que explicam as origens de todos os seres são quatro:

- Causa material: refere-se à matéria que compõe um ser ou objeto do mundo. Ou seja, se pensarmos na casa do joão-de-barro, a sua causa material é o barro.

- Causa formal: é a forma física e conceitual que um determinado ser ou objeto possui. Tudo tem uma forma que o define. Se pegarmos o exemplo da cadeira, o formato de cadeira é a sua causa formal.
- Causa final: refere-se à finalidade do objeto ou ser. As finalidades são diversas para os diversos seres e objetos presentes no mundo. É mais fácil tomar como exemplo, mais uma vez, um objeto inanimado como a casa do joão-de-barro, pois a sua causa final é servir de abrigo e ninho para o pássaro e seus filhotes.
- Causa eficiente: é a causa primeira, que deu origem ao ser ou objeto; ou seja, aquilo que foi responsável pela criação. A causa eficiente da casa do joão-de-barro é o próprio pássaro que a construiu.

Aristóteles argumenta ainda que, por haver movimento em tudo, e sempre haver causa para esse movimento, é perigoso cairmos em uma espécie de *percuso ad infinitum*, se não estabelecermos que, em algum momento, houve uma causa primeira que não foi causada por nada e deu origem às outras causas.

A "causa não causada" foi denominada por Aristóteles de "motor imóvel". Ele aparece no livro XII de *Metafísica*, através da regressão intelectual. Aristóteles conjectura a existência de um primeiro motor, um primeiro causador de tudo no mundo que não tenha sido impulsionado por nada e nem ninguém, pois ele foi o primeiro.

Tomás de Aquino, filósofo escolástico cristão que estudou a filosofia aristotélica, relacionará o motor imóvel à criação divina em seu livro *Suma teológica*, apresentando as cinco vias que provam a existência de Deus.

Se essa noção, uma das mais importantes da metafísica de Aristóteles, não fosse concebida, a teoria aristotélica falharia, pois o raciocínio seria conduzido a uma espécie de regressão ao infinito e não chegaria a nenhuma conclusão precisa.

3.4 Ato X potência

Para conseguir o distanciamento das teses platônicas, da veracidade exclusiva das formas ideais, sem cair em qualquer tipo de contradição ou outra armadilha conceitual qualquer, Aristóteles teve que formular alguns conceitos. Pensando na veracidade dos dois tipos de existência (a formal ou conceitual e a material), percebemos um problema: a matéria muda e a ideia não. Por isso, Platão assume como verdade apenas as formas ideais. Como não cair em contradição, nesse caso, assumindo que um elemento pode mudar e o outro não?

Um dos conceitos formulados por Aristóteles para essa situação é a noção de substância. A substância é o elo entre a forma e a matéria. É ela que estabelece que um determinado nome conceitual se aplica a um objeto específico. Para resolver o problema da mutação material, o filósofo introduziu a necessidade da distinção entre ato e potência.

Ato é tudo aquilo que existe agora, atualmente. Tornar-se ato (tornar o que se é agora) é atualizar. Potência é o poder ser, o devir, o vir a ser. Como exemplo, podemos visualizar uma criança, que é criança em ato e adultos em potência. Ao crescer, amadurecer e tornar-se adulta, a criança passou pelo processo de atualização.

4

Tomás de Aquino e o processo educativo

Tomás de Aquino (1224-1274) é o mais importante pensador medieval. Sua filosofia, indissociável da teologia em sua época, tem importantes projeções pedagógicas para o educador da atualidade, para além do interesse meramente histórico.

A vida de Tomás de Aquino está centrada no século XIII. Desde o século anterior, no entanto, já se estabeleciam as condições que possibilitariam as profundas inovações do seu pensamento.

Com a queda do Império Romano do Ocidente (em 1476) e consequente instalação dos reinos bárbaros, a primeira Idade Média encontrava-se em condições precárias de cultura e educação, e o esplendor da cultura clássica foi substituído pela "idade das trevas" em que as tribos bárbaras, analfabetas, eram a nova realidade dominante da Europa.

Segundo a interpretação de Santo Tomás de Aquino, a filosofia e a fé cristã não se chocam nem se confundem, mas são distintas e harmônicas. A teologia é uma ciência suprema, fundada na revelação divina, e a filosofia é sua auxiliar. Cabe à filosofia demonstrar a natureza e a existência divina em plena harmonia com a razão. Só há conflito entre filosofia e teologia caso a filosofia, num uso incorreto da razão, se propuser explicar os mistérios dos dogmas religiosos sem o auxílio da fé.

O conjunto de doutrinas filosóficas e teológicas de Santo Tomás de Aquino é chamado de tomismo. Monge dominicano que viveu no século XIII, influenciado por Aristóteles, Platão e Santo Agostinho, criou um sistema filosófico e teológico próprio e original que, gradualmente, se tornou importante a ponto de marcar toda a filosofia medieval.

Tomás de Aquino considera que a alma é a forma essencial do corpo, responsável por dar vida a ele. A alma humana é subsistente, imortal e única; para isso, o homem tende naturalmente para Deus. Dentro da Igreja, é considerado, ao lado de Santo Agostinho, o mais importante teólogo de todos os tempos.

Para Tomás, existem duas formas de adquirir conhecimentos: "de um modo, quando a razão por si mesma atinge o conhecimento que não possuía, o que se chama descoberta; e, de outro, quando recebe a ajuda de fora, e esse modo se chama ensino". O conhecimento por descoberta se dá quando a razão, por si mesma, aplica os princípios universais e evidentes a determinadas matérias para daí tirar conclusões particulares.

A aquisição do conhecimento pelo ensino acontece quando esse processo natural e dedutivo da razão passa de princípios universais para conclusões particulares, com a ajuda de um mediador: o professor. Este, por sinais e outros instrumentos metodológicos que o ajudam, provoca o aluno e o faz chegar a conhecer o que antes era desconhecido.

Nesse sentido, Tomás de Aquino admite que o mestre seja a causa do conhecimento no aluno. Ou seja, coloca o aprendizado como uma faceta humana, pois é o próprio homem quem conhece e ensina. Mas reconhece que a luz natural da razão foi colocada no homem por Deus, concedida no ato da criação.

Para Tomás, é imprescindível que o professor se prepare e tenha o domínio dos conteúdos e métodos de ensino para que possa, com eficiência, ensinar os seus alunos e levá-los ao ato de aprender.

Destacam-se três aspectos de especial atualidade do pensamento tomasiano: a valorização do mundo material; a afirmação da primazia da virtude da *prudentia*; e a perspectiva da *prudentia* negativa em filosofia.

4.1 Ponto de vista pedagógico

Do ponto de vista cultural e pedagógico, historiadores estabelecem como marco inicial da Idade Média o ano de 529, marcado por dois fatos emblemáticos: o Imperador Justiniano (do Império Romano do Oriente) fechou a academia de Atenas: já não havia lugar para a cultura pagã.

São Bento fundou o Mosteiro de Monte Cassino. Não por acaso, os primeiros séculos medievais são, na história da educação, chamados de *idade beneditina*. Os mosteiros beneditinos foram o refúgio onde se alojou e se conservou o pouco conhecimento que restou do fim da Antiguidade graças a educadores como Boécio e Cassiodoro.

Boécio foi um dos mais importantes nomes da história da educação, sendo encarregado pelo Rei Teodorico de organizar a cultura do reino ostrogodo. Conhecedor profundo da ciência e da filosofia gregas, Boécio empreendeu um projeto pedagógico realista: uma cultura de resumos, pois sabia que o esplendor das culturas grega e romana havia desaparecido e que a nova realidade eram os ostrogodos, incapazes de ascender às alturas do mundo clássico. Empreendeu, então, na corte, uma pedagogia de traduções e conteúdos mínimos em que a Geometria de Euclides, a Aritmética e a Astronomia foram reduzidas a livrinhos elementares e sumarizados.

É difícil subestimar a importância da virtude da prudência, a principal das virtudes cardeais (que são a prudência, a justiça, a fortaleza e a temperança) no pensamento de Tomás de Aquino.

Segundo Boécio, a prudência é a principal em uma ordem superior, é a mãe e a guia das virtudes. Ele afirma que, por mais destacada que seja a importância histórica do Tratado da prudência de Tomás de Aquino, seu interesse transcende o âmbito da história das ideias e se instala no diálogo direto com o homem do nosso tempo, como uma rica contribuição para alguns dos mais urgentes problemas existenciais da atualidade. Sua doutrina sobre a prudência tem o "condão" de expressar, de modo privilegiado, as diretrizes fundamentais de todo o filosofar de Tomás.

4.2 Tratado da prudência

Para bem avaliar o significado e o alcance do Tratado da prudência é necessário atentar para o fato de que a prudência é uma daquelas tantas palavras fundamentais que sofreram desastrosas transformações semânticas com o passar do tempo. Originalmente designava uma qualidade positiva. Esvaziou-se (ou tem se esvaziado) do seu sentido inicial, passando até a designar uma qualidade negativa, significando, nos dias de hoje, a conhecida cautela (um tanto oportunista, ambígua e egoísta) ao tomar (ou não tomar) decisões.

Percebe-se que, atualmente, a palavra prudência tem se tornado a egoísta cautela da indecisão. Ou seja, "ficar em cima do muro", coisa que, em Tomás de Aquino, expressa exatamente o oposto da indecisão, como a arte de decidir-se corretamente, com base na realidade, em virtude do conhecimento do ser humano.

Esse conhecimento do ser é significado pela "reta razão aplicada ao agir", como repetia Tomás. Pois, baseado em sua teoria, prudência é ver a realidade e, com base nessa visão, tomar a decisão certa, já que, como dizia, "não há nenhuma virtude moral sem a prudência, pois sem ela as demais virtudes ficam comprometidas; a *prudentia* é necessariamente corajosa e justa".

Sem esse referencial, as nossas decisões não se fundamentam, pois acabam sendo tomadas com base em preconceitos, por razões interesseiras, por impulso egoísta, por inveja ou por qualquer outro motivo, nunca com base em princípios éticos e morais.

Existe uma outra parte da prudência, mais decisiva (literalmente), que é transformar a realidade em decisão de ação, já que "de nada adianta saber o que é bom se não houver a decisão de realizar esse bem". A grande tentação da imprudência é delegar a outras instâncias o peso da decisão que, para ser uma boa decisão, depende da visão da realidade.

4.3 Competência do sujeito

O Tratado da prudência, de Tomás de Aquino, é o reconhecimento de que a direção da vida é competência do sujeito. O caráter dramático da prudência se manifesta claramente quando Tomás de Aquino mostra que não há "receitas" prontas para o bem agir, pois a prudência versa sobre as ações do "agir aqui e agora".

A prudência é a virtude da inteligência, mas da inteligência do concreto. O critério para esse discernimento de bem é a realidade concreta. De nada adiantam os bons princípios abstratos sem a *prudentia* que os aplica.

No tópico sobre a prudência no pensamento "negativo", Tomás de Aquino foi mal compreendido até mesmo pelos tomistas, visto que o seu filosofar é incompatível com um sistema racionalista.

O caráter "negativo" tomista informa também o seu modo de fazer teologia, sendo uma teologia essencialmente bíblica. Tomás de Aquino afirma o mistério para o homem como contraponto da liberdade de Deus, porque, como ele mesmo afirma, "não há nenhum argumento de razão naquelas coisas que são da fé".

No que se refere à *prudentia*, existem os dois elementos-chave de Tomás: mistério e liberdade. Cada pessoa é a protagonista de sua própria vida, só ela é responsável por suas decisões livres, por encontrar os meios de atingir o seu fim; ou seja, a sua realização pessoal.

O conceito de pessoa acrescenta à essência humana precisamente a individualidade concreta. Qualquer atentado contra a *prudentia* tem como pressuposto a despersonalização, a falta de confiança na pessoa, considerada, segundo esse autor, sempre "menor de idade" e incapaz de decidir. Portanto, deveria transferir a direção de sua vida para outras instâncias, como o Estado, a Igreja etc. Em qualquer desses casos, é sempre muito perigoso, como também é perigoso que a educação não se lembre de que a prudência é uma virtude tão importante para o processo educativo.

O mérito da filosofia de Tomás de Aquino está em aliar o pensamento lógico e racional da raiz aristotélica com a fé cristã. Ela é, por essência, a Metafísica (uma das disciplinas da filosofia) ocupada com os princípios da realidade para além das ciências tradicionais (Física, Química, Biologia, Psicologia etc.) a serviço da teologia (estudo sobre a divindade). Apresenta forte influência do pensamento aristotélico (que se tornou amplamente conhecido no Ocidente no século XIII por meio de traduções do árabe) e serviu de fundamento ao pensamento racionalista e ameaçou a concepção cristã da realidade, tradicionalmente apoiada na corrente filosófica platônica.

4.4 Suma teológica

Tomás de Aquino realizou um trabalho monumental numa vida relativamente curta. Sua obra mais importante, apesar de não concluída, é a *Suma teológica*, na qual revê a teologia cristã sob uma nova ótica, seguindo o princípio aristotélico de que cabe à razão ordenar e classificar o mundo para entendê-lo.

O princípio operacional do pensamento tomista (a relação entre razão e fé) está no centro dos interesses do filósofo. Para ele, embora esteja subordinada à fé, a razão funciona por si mesma, segundo as próprias leis. Ou seja, o conhecimento não depende da fé nem da presença de uma verdade divina no interior do indivíduo, não é um instrumento para se aproximar de Deus.

Tomás de Aquino é uma figura simbólica do seu tempo, na medida em que representou, como ninguém, a tensão entre a tradição cristã medieval e a cultura que se formava no interior de uma nova sociedade.

Uma das características dessa fase histórica foi o nascimento das universidades, que se tornaram o centro das discussões teológico-filosóficas.

4.5 Transformação pelo conhecimento

A noção de transformação por meio do conhecimento é fundamental na filosofia tomista. Cada ser humano tem uma essência particular, à espera de ser desenvolvida, e os instrumentos fundamentais para isso são a razão e a prudência; esse, para Tomás de Aquino, era o caminho da felicidade e da conduta eticamente correta.

Santo Tomás de Aquino legou à educação, sobretudo, a ideia de autodisciplina. Foi essa a marca do ensino cristão, que alcançou a sua máxima eficiência, em termos de doutrinação, com a pedagogia jesuítica, a partir do século XVI.

No período em que o filósofo viveu, a religião seguia sendo a principal fonte de instrução, como em toda a Idade Média. Sobreviviam as escolas monásticas em mosteiros afastados das cidades. Essas escolas, inicialmente, visavam a formação de monges. Depois, a formação de leigos das classes nobres.

Com o surgimento da economia mercantil nas cidades, apareceram também as escolas episcopais, destinadas à formação do clero secular e de leigos proprietários.

A importância de Tomás de Aquino para a educação está, sobretudo, no âmbito da sua Antropologia Filosófica. Há uma efetiva superação do dualismo platônico (corpo e alma), que era a doutrina dominante da época, afirmando que a intelecção humana só seria possível se, em cada caso, ocorresse uma iluminação imediata de Deus.

A revolucionária antropologia tomásica, embora não negue a iluminação divina, destaca que tal iluminação procede da própria natureza do ser criado. Portanto, é o homem que, dotado dessa luz natural da razão, conhece e ensina.

Todo ser humano, para crescer e se desenvolver, precisa enfrentar desafios, superar obstáculos. Antes de tudo isso, porém, tem que se conscientizar do seu potencial e ter gosto pela aprendizagem.

O aluno deve estar a par de suas capacidades, de que precisa aprender aquilo que ainda não conhece, para ajudar a (trans)formar melhor o mundo a sua volta. Esse complexo movimento dialético de ação–reflexão–ação é o que chamamos de educação.

4.6 Legado

A grande contribuição oferecida por Tomás de Aquino à educação está no fato de colocar a verdade no cerne da questão. Segundo sua tese, a verdade existe primeiramente em

Deus, criador do universo; em segundo lugar, nas coisas e ideias materializadas de Deus, símbolos de conceitos; em terceiro lugar, na mente humana, que é capaz de abstrair o significado do universo e, interpretando-o, conhecer o espírito de Deus. Dessa forma, interpretação e reflexão se voltam para a compreensão do mundo.

A busca da verdade não pode ser omitida no processo educacional, e o professor deve ser muito bem-definido como profissional consciente do seu trabalho de educar.

Aprender e ensinar são atos intrínsecos à educação. Para Tomás de Aquino, aprender não se restringe a aprender um conteúdo, limitando-se à memorização de informações. A mente humana é "mais do que uma folha em branco a ser marcada pelos que outros aí gravam". Aprender significa refletir a respeito de conhecimentos apresentados pelo mestre e transpô-los.

Para compreender bem o papel do educador na educação, devemos recorrer à famosa metáfora usada por Tomás de Aquino, que compara a educação à arte do médico ou à arte do agricultor.

"Deus é o único mestre", segundo os tomistas. Mestre no sentido de ter direito de ir ao encontro na intimidade do outro e a instalar a verdade. Há outros elementos que integram o processo de educação do aluno, porém essa participação ocorreria em forma de cooperação.

O médico, diz Tomás de Aquino, exerce sua arte como servidor, colabora com a tendência natural do corpo. Assim é a planta que, pela sua própria natureza, busca crescer, desenvolver-se. O agricultor dedica seu tempo auxiliando o desenvolvimento da planta.

O médico não produz a saúde. O agricultor não faz a planta crescer. É Deus que ensina primeiramente o homem quando lhe é dada potência para saber. Deus age de forma interior e primeira, enquanto o professor é um auxiliar exterior e posterior.

Ao aluno impõe-se a responsabilidade maior da educação. Ele é o agente principal da educação, ele entra num processo de reconhecimento da realidade que o rodeia, passa a compreender o mundo e suas experiências. O auxílio do professor é importante na medida em que colabora com o desejo do aluno de encontrar a verdade.

5
Outros grandes filósofos

5.1 Erasmo de Roterdã (1466-1536)

Teólogo, filósofo e escritor holandês, Erasmo de Roterdã foi o maior vulto do Humanismo cristão. Dedicou toda sua vida à causa da reforma interna da Igreja Católica. Apesar de monge, criticou a doutrina da Igreja, não gostava de morar no convento e afirmava que o mundo material não era ruim. Filho bastardo de um padre, defendia uma educação longe dos clérigos.

Seu sonho era uma Europa espiritual unida, com uma língua comum aproximando todas as pessoas. Foi aclamado "Príncipe do Humanismo". Os humanistas não mais aceitavam os valores e as maneiras de ser e viver da Idade Média. Valorizavam a produção cultural da antiguidade greco-romana, como fonte de aspiração.

Embora fosse clérigo e profundamente cristão, o filósofo holandês passou para a história por se opor ao domínio da Igreja sobre a educação, a cultura e a ciência.

A influência religiosa vigorou praticamente sem contestação, durante toda a Idade Média, no Ocidente. Ainda no tempo de Erasmo, era preciso ousadia para ir contra ela.

Ousadia individual, aliás, fazia parte das atitudes que um número crescente de intelectuais começava a enaltecer no período de transição para a Idade Moderna. O pensamento nascente defendia a liberação da criatividade e da vontade do ser humano, em oposição ao pensamento escolástico, segundo o qual todas as questões terrenas deviam subordinar-se à religião.

5.1.1 Antropocentrismo

O predomínio do humano sobre o transcendente era o eixo dessa nova filosofia, que seria posteriormente conhecida sob o nome de humanismo. A palavra deriva da expressão latina *studia humanitatis*, que se referia ao aprendizado, nas universidades, de poética, retórica, história, ética e filosofia, entre outras disciplinas. Elas eram conhecidas como *artes liberais*, porque se acreditava que dariam ao ser humano instrumentos para exercer sua liberdade pessoal.

A mais típica cultura humanista se desenvolveu nas cidades do norte da Itália, mas o mesmo espírito irradiou-se por toda a Europa. Entre os não italianos, Erasmo foi o representante mais influente dessa corrente de pensamento.

A fonte original de todo humanismo foi a literatura clássica. A época era de redescoberta e reinterpretação da produção cultural da antiguidade greco-romana. O interesse por esse período da história foi acompanhado por uma série de mudanças profundas na vida europeia: a revitalização das cidades, a formação de redes de comércio entre centros distantes, a consolidação de uma classe mercantil muito abastada, a criação de bancos e a centralização do poder político em torno de cidades ou de reinos.

Tudo isso ocasionou a abertura de brechas na autoridade da Igreja, antes onipresente. Por razões evidentes, esse período histórico de grandes transições ficou conhecido como Renascimento, dando origem a uma produção cultural das mais ricas e fecundas de todos os tempos.

Erasmo se inseria no panorama cultural como um símbolo da nova era. Num tempo em que os papas insuflavam guerras e acumulavam fortunas, o teólogo pregou a volta aos valores cristãos originais.

Sua obra mais célebre, *O elogio da loucura*, é uma sátira à inversão de valores que detectava na sociedade daquele tempo. A moralidade estava no centro de suas preocupações e deveria, de acordo com ele, ser a fonte e o objetivo final da educação.

5.1.2 Crítica às escolas

Erasmo criticava as escolas de seu tempo, em geral administradas por clérigos que baseavam sua pedagogia em manuais imutáveis, repetições de conceitos e princípios de disciplina com traços de sadismo.

O filósofo via nos livros um imenso tesouro cultural, que deveria constituir a base do ensino. A linguagem era o começo de toda boa educação, já que é sinal da razão humana. Não se trata apenas de alfabetização e leitura, mas de interpretar os textos criticamente, prática que os humanistas e reformadores religiosos introduziram na história da pedagogia.

O filósofo pregou que um bom aprendizado das artes liberais, até os 18 anos, prepararia o jovem para entender qualquer coisa com facilidade. Como todo humanista, o pensador holandês defendia a possibilidade de chegar à perfeição por via do conhecimento, prenunciando novos rumos para a pedagogia.

O programa pedagógico do pensador era generoso, mas, infelizmente, não democrático. Segundo ele, apenas a instrução religiosa deveria ser para todos, enquanto os estudos das artes liberais estariam restritos aos filhos da elite, que futuramente teriam cargos decisórios.

5.1.3 Centro do saber

As críticas de Erasmo ao clero, assim como seu interesse pelos estudos da linguagem, o aproximaram de Martinho Lutero (1483-1546), o monge alemão que deu origem ao protestantismo. Mas o filósofo holandês combatia a ideia de predestinação de Lutero por acreditar firmemente no livre-arbítrio dos seres humanos – todos são capazes de distinguir o bem e o mal, segundo ele. Além disso, sempre pregou o diálogo entre as facções discordantes no interior do cristianismo.

No campo propriamente pedagógico, o interesse de Erasmo pelo conhecimento das línguas antigas semeou o terreno para o estudo do passado, em particular do Novo Testamento e dos primeiros pensadores da fé cristã. A ênfase na história do homem e o estudo dos acontecimentos pretéritos ergueram um dos principais pilares da educação moderna. A cultura medieval, ao contrário, se construíra em torno do ideal de intemporalidade.

A então recente invenção da impressora de tipos móveis, pelo alemão Johannes Gutenberg (1400-1468), entusiasmava Erasmo com a promessa de ampla circulação de textos da literatura clássica. Ele via o conhecimento dos livros como alternativa saudável à educação religiosa que recebera. Segundo Erasmo, o ensino que havia conhecido "tentava ensinar humildade destruindo o espírito das crianças".

Outros valores renascentistas, como a exaltação da beleza e do prazer, encontravam-se em profusão nos clássicos greco-romanos. Para Erasmo, esses princípios eram mais interessantes do que as abstrações da filosofia escolástica. Além disso, dizia ele, o prazer físico e o bom humor não conflitam com o cristianismo.

Apesar da notoriedade de que desfrutou em vida, foi desprezado pelas gerações seguintes. Suas ideias seriam retomadas cerca de um século depois pelo educador tcheco João Comênio (1592-1670), considerado o pai da didática moderna.

5.2 Thomas Hobbes (1588-1679)

Filósofo, teórico político e matemático inglês, considerado um dos principais expoentes do pensamento contratualista na filosofia política, Hobbes foi muito próximo da família real e defendeu, até o fim de sua vida, a monarquia. Seu principal livro foi *Leviatã*.

Para Hobbes, o Estado deve ser forte e com o poder centralizado, pois ele precisa ter capacidade para conter os impulsos naturais que promovem uma relação caótica entre as pessoas. Hobbes trabalhou como preceptor de dois filhos da família Cavendish, tradicionais nobres britânicos. O pensador foi influenciado por Francis Bacon – filósofo para o qual trabalhou como assistente durante algum tempo –, Aristóteles e Maquiavel.

Argumentando ser necessário que a educação do homem fosse iniciada por seus sentimentos (paixões), Hobbes sustenta que é preciso iniciar esse processo pelo nível mais básico e suplementar presente no homem: o nível das paixões.

O medo e a esperança seriam fundamentais para o processo humano, pois todos os seres convivem com tais sentimentos. Somente após essa fase de "sensibilização", se assim se pode dizer, se partiria para o nível do uso da faculdade da razão.

Thomas Hobbes, assim como Rousseau e Locke, compõe o grupo que defende que o Estado se originou pelo Contrato. De acordo com essa corrente de pensamento, dada uma condição de insegurança e instabilidade, é feito um acordo – por intermédio de contratos – para que um indivíduo, ou grupo de indivíduos, venha a governar sobre um grupo de pessoas, organizando-o civilmente, trazendo a ideia da ética e da moral, originando, por consequência, o Estado civil.

5.2.1 *Pioneiro*

Ao terminar o estudo básico, Hobbes ingressou, com apenas 15 anos, no ensino superior da Universidade de

Oxford. Foi lá que conheceu a filosofia tomista aristotélica, o que influenciou a sua ideia de conceber a sociedade como um mecanismo formado por "átomos" (indivíduos). Também conheceu e foi influenciado pelas ideias de Maquiavel.

As teses aristotélicas sobre as ciências naturais foram bastante questionadas na época dele, por conta das novas descobertas de Galileu. O próprio Hobbes não era um grande admirador do filósofo grego antigo. Em sua infância e adolescência, a Inglaterra vivia sob o domínio da Dinastia dos Tudors e, durante muito tempo, conviveu com o medo da invasão espanhola.

As ideias defensoras do absolutismo foram originadas, provavelmente, a partir do medo que o filósofo inglês vivenciou quando jovem, aliado às revoltas burguesas e camponesas que instauraram um clima de tensão política na Inglaterra.

Ao se formar em Oxford, o pensador tornou-se preceptor de William Cavendish, o Duque de Devonshire. Em 1621, trabalhou como assistente do também filósofo inglês Francis Bacon e, em 1628, tornou-se preceptor do filho de Sir Gervase Clifton, outro nobre inglês. Em viagem à França, aprofundou-se nas teorias matemáticas de Euclides.

Na década de 1630, conheceu pessoalmente Descartes e Galileu Galilei. Em 1634, na Inglaterra, escreveu o primeiro livro de sua trilogia filosófica: *De cive*. Traduzido como *O cidadão*, era uma defesa da monarquia às vésperas da Revolução Inglesa de 1642.

Sua defesa do absolutismo o condenou ao exílio, após o êxito da Revolução, que instaurou, mais tarde, a República de Cromwell. Em 1646, tornou-se professor do Príncipe Carlos, que vivia exilado com a família na França.

Em 1651, durante seu exílio na França, escreveu e publicou a obra *Leviatã*, no qual descreveu a sua teoria contratualista e jusnaturalista, defendendo a monarquia como o regime político capaz de combater o estado de natureza humano.

A partir de suas obras, a interpretação da época o considerou ateísta, o que lhe rendeu polêmicas com o governo republicano e com a nova monarquia restaurada, em 1560, liderada por Carlos II (seu ex-aluno).

No fim de sua vida, manteve-se próximo do rei e do governo inglês. Faleceu em Witshire, Inglaterra, no dia 4 de dezembro de 1679, aos 91 anos de idade.

5.2.2 Principais ideias

Temos dois aspectos para apresentar como centrais na obra hobbesiana, sendo um do campo da *filosofia teorética* e outro da *filosofia prática*.

No campo teorético, era um empirista, defendendo que não há qualquer tipo de representação mental anterior à experiência. Porém, a grande produção filosófica do pensador está ligada à filosofia prática; ou seja, à filosofia política. No campo político, o inglês defendeu:

- O estado de natureza humano como momento de inaptidão natural para a vida social;
- A sociedade como uma composição complexa de "átomos", que são os indivíduos;

- O contrato social como formação da comunidade humana que retira o homem de seu estado de natureza;
- A necessidade da monarquia para estabelecer a ordem entre as pessoas.

Hobbes caracteriza-se como um dos pioneiros em desenvolver teorias acerca de uma análise realista sobre a natureza do homem. Esse é o ponto central para o desenvolvimento de toda a sua teoria contratualista, que descreve de maneira racional o comportamento do homem e os motivos pelos quais o levaram a buscar o contrato como meio de estabelecer uma relação de dependência com um poder maior, capaz de governar todos os homens.

5.2.3 Três fases

O pensamento hobbesiano divide-se em três fases: Estado de natureza, de guerra e de segurança.

Hobbes idealizou a humanidade semelhante a animais selvagens incapazes de desenvolver uma vida em sociedade. Segundo seu pensamento, todos eram iguais. Essa igualdade, no entanto, era ponto de partida para um estado de guerra. Havia um ponto de vulnerabilidade porque todos detinham o poder e eram livres. Assim, cada um era soberano de si mesmo e de outrem, tendo direito até mesmo ao corpo do próximo.

Na fase inicial dessa cronologia acerca da formação do Estado civil, o pensador vê o homem como um animal irracional e incapaz de estabelecer, por si só, normas ou condutas que o permitissem conviver pacificamente em sociedade.

Tal posicionamento foi um choque para os adeptos do conceito de animal social exposto por Aristóteles e já revela um ponto central de todo o pensamento hobbesiano: "o homem é o lobo do homem". Essa frase remete a um fator determinante capaz de exercer influência de mudança em todos: o medo.

Esse poder e espírito selvagem de si para com os outros homens gerava um espírito de medo sobre eles; ou seja, em vez de uma segurança e do direito à vida, não havia nem sequer a certeza de que a vida seria preservada, pois não tinha valor algum. Para Hobbes, era fundamental essa análise realista acerca da natureza selvagem do homem e, de fato, ele não escondeu seu posicionamento e demonstrou que a honra era uma questão que não possuía menor relevância em função de outros bens tangíveis. A liberdade era outra acusação, da parte de Hobbes, que consistia em ter direito a tudo, ou simplesmente nada, já que a vida era banalizada. Ora, se um homem pode tudo, nada há de lhe impedir de fazer sua vontade porque seu desejo é a sua lei e não há um limite entre ele e o outro. Hobbes vê o homem como um ser egocêntrico, irracional e refém de seu semelhante.

Nesse cenário de extrema liberdade, ausência de paz e insegurança, refletindo em um estado de guerra por não haver controle entre os homens, Hobbes relata o sentimento de poder, perseguição, e de traição do homem em relação a outrem. Ou seja, tudo existe dentro da imaginação de cada um. Não há um estabelecimento de comunicação entre si.

A liberdade é base para o medo e o medo, por sua vez, aliado aos sentimentos que fomenta esse estado de guerra, leva ao homem a buscar meios de procurar dar fim a esse conflito. A liberdade é tida como um meio de escravidão em função do medo e insegurança. Logo, o homem, na sua tentativa de sobrevivência, faz inimigos e ao mesmo tempo busca estabelecer a paz.

Um ponto que parece paradoxo: todos se conscientizam, a partir do medo e insegurança, a renunciar a todos os seus direitos em busca da paz. Daqui parte o pensamento hobbesiano acerca da necessidade de mudança e, posteriormente, da adesão ao contrato social.

5.3 René Descartes (1596-1650)

A contribuição filosófica de Descartes para a educação centra-se na proposta do método sem o qual a mente não se organiza para processar o conhecimento seguro. Para ele, a razão é igual em todos os homens. A razão é o bom-senso, e todos devem desejar possuí-la, pois representa o poder de julgar de forma correta e discernir entre o verdadeiro e o falso.

Sendo assim, de onde se origina a diversidade de opiniões?

Para Descartes, a diversidade de opiniões decorre do direcionamento do pensamento e por não serem consideradas as mesmas coisas por todos, indistintamente.

Não haveria, a princípio, pessoas mais racionais do que outras. Pois, seria insuficiente ter o espírito bom: o importante seria aplicá-lo bem, se continuasse pelo caminho reto (o método).

O pensamento do francês René Descartes destacou-se na Modernidade. O primeiro racionalista moderno defendeu que o conhecimento era inato ao ser humano e propôs um método dedutivo como ponto inicial de qualquer conhecimento que se pretenda verdadeiro, claro e distinto. Exímio matemático, suas contribuições para as ciências exatas foram essenciais para o desenvolvimento amplo da geometria analítica, por meio do plano de coordenadas cartesiano. A física moderna também contou com significativas contribuições do filósofo.

Foi na juventude que Descartes sentiu a necessidade de um método pelo qual conseguiria argumentar de forma gradativa o seu conhecimento, que o levaria a considerações e máximas, e que poderia elevá-lo, pouco a pouco, ao mais alto nível que o seu espírito permitisse alcançar.

Desde muito cedo Descartes foi instruído nas letras. Estava convencido de que, por intermédio delas, seria possível adquirir um conhecimento claro e seguro de tudo o que é útil na vida. Porém, assim que terminou os estudos, mudou radicalmente de opinião pelo fato de estar embaraçado em inúmeras dúvidas e erros, o que, pensava, não seria próprio ocorrer após ter recebido instruções. Verificou que quanto mais tentava se instruir, descobria mais sua ignorância, apesar de ter estudado numa das mais célebres escolas da Europa.

5.3.1 Inquietações

Nascido na Província de Haye, estudou no colégio jesuíta Royal Henry-Le-Grand, no castelo de La Flèche. Aluno brilhante, desde jovem provocava debates filosóficos intensos com colegas e professores.

Nos tempos em que cursou o seminário de La Flèche, já demonstrava sua inquietação com algumas questões do ensino jesuíta, tradicionalmente escolástico, de cunho tomista aristotélico.

Aos 19 anos, ingressou no curso de Direito da Universidade de Poitiers, concluído aos 22 anos. Em busca de aventuras e sem vontade de trabalhar na carreira jurídica, alistou-se no exército do príncipe holandês Maurício de Nassau.

A carreira como soldado foi curta, mas Descartes atuou diversas vezes como conselheiro e estrategista militar, tendo encerrado seu vínculo como conselheiro apenas aos 49 anos de idade. Sua ocupação principal foi o desenvolvimento de estudos nos campos da matemática e da filosofia.

Aos 33 anos, concluiu a escrita da obra *Tratado sobre o mundo*, livro sobre ciências da natureza que ele decidiu não publicar porque defendia a tese heliocêntrica ao mesmo tempo em que o físico Galileu Galilei enfrentava complicações com a Igreja Católica por defender a mesma coisa.

Em 1637, publicou a obra mais conhecida, *Discurso do método*. Em 1641, publicou *Meditações metafísicas*. Em 1650, morreu de pneumonia.

5.3.2 Revolução na filosofia

Resgatando as teorias platônicas sobre o conhecimento, Descartes deu origem ao racionalismo moderno, defendendo que o conhecimento humano é inato; ou seja, já nasce com o ser humano. Também operou uma verdadeira revolução na filosofia ao propor que o pensamento filosófico deveria basear-se em um método mais exato.

Desde os tempos de escola, observava que os professores de matemática sempre chegavam a conclusões exatas, enquanto os de filosofia discordavam entre si, com frequência. Na visão atenta daquele estudante, isso comprovava a sua tese de que a filosofia necessitava de um método preciso e exato, baseado num raciocínio dedutivo.

Descartes dividiu o ser humano em dois elementos – como Platão – e os nomeou *res cogitans* e *res extensa* (em tradução aproximada, seriam "coisa pensante" e "coisa extensa"). A *coisa pensante* era uma espécie de alma que habitava o corpo *(coisa extensa)* e era capaz de pensar, além de estar com o conhecimento racional naturalmente embutido dentro de si.

5.3.3 Principais ideias

A razão (e todo o conhecimento racional) são inatos ao ser humano. A diferença entre o nível de inteligência de uns e de outros é o modo como utilizamos a racionalidade.

O conhecimento filosófico, para atingir um bom resultado, deve ser claro e distinto, afastando tudo o que pode gerar a dúvida.

É necessário estabelecer um método para que o conhecimento filosófico atinja a verdade.

5.3.4 Racionalismo

O racionalismo encontra-se assentado nas ideias inatas. Para Descartes, todo tipo de conhecimento que não tivesse uma fonte racional (o conhecimento empírico é um deles, pois se baseia na experiência prática) era duvidoso e poderia ser enganoso. Somente o conhecimento racional, baseado nas ideias inatas e fruto das deduções, era suficientemente claro, distinto e absolutamente verdadeiro.

O processo de raciocínio dedutivo, largamente utilizado pela matemática, era o ponto de partida que Descartes defendia para compor o seu método. Era a única garantia para ter-se um conhecimento unívoco, que em todos os seres humanos causaria os mesmos resultados, evitando o erro.

A tradição aristotélica na filosofia, que embasou a educação cartesiana por meio do ensino escolástico jesuíta, levava a uma espécie de relativismo causado por enganos, o que deveria, na ótica cartesiana, ser evitado pelos filósofos.

Para ter-se um conhecimento claro, distinto e verdadeiro, era necessário estabelecer um método.

O método cartesiano estava, primeiramente, calçado na dúvida metódica e hiperbólica. Esse processo de dúvida era metódico por ser ordenado, organizado por um método, e hiperbólico porque deveria estender-se a tudo e a todos exageradamente. Surgia aqui o ceticismo moderno que, diferente do ceticismo helênico, não suspendia os juízos do conhecimento por completo e absolutamente, mas por hora, até que se chegasse a um conhecimento seguro. O primeiro passo para isso era a negação do conhecimento empírico e do senso comum.

5.3.5 As regras do método cartesiano

- **Evidência:** nunca aceitar como verdadeiro um conhecimento duvidoso, aceitando apenas aqueles conhecimentos claros e distintos, sem possibilidade de erro.
- **Análise:** dividir o problema filosófico que se quer estudar em quantas partes forem possíveis, pois assim a sua compreensão e resolução são facilitadas.
- **Síntese:** após a divisão, sempre começar resolvendo os problemas menores e menos complexos, pois a junção da resolução das partes menores pode resultar na resolução de um problema mais complexo.
- **Enumeração:** enumerar todas as partes, pois assim se tem uma maior facilidade de organização. Também faz parte dessa regra a necessidade de revisão de cada parte após a sua conclusão.

5.3.6 Cogito

A dúvida metódica e hiperbólica de Descartes o fez alcançar o primeiro conhecimento seguro por meio da dedução: o *cogito*.

A seguir, o passo a passo percorrido pelo filósofo para chegar-se ao cogito:

- Eu devo duvidar de tudo para atingir um conhecimento verdadeiro;
- Ao duvidar de tudo, duvido da minha existência;

- Ao duvidar, eu estou pensando;
- Se penso, logo eu existo *(cogito ergo sum)*.

Diz um velho ditado italiano: *traduttore, traditore*! (tradutor, traidor). Esta afirmação aponta para o fato de que, ao traduzir-se uma sentença para outra língua, ela pode perder muito de seu sentido original.

Com o cogito cartesiano não foi diferente. Apesar de traduzirmos o cogito para o português como "penso, logo existo", a escrita original em francês é *je pense, donc je suis*, que também poderia ser traduzida como "penso, logo sou". Acontece que o verbo francês *est* indica duplamente "ser" (essência e identidade) e "estar" (condição existencial). Como há uma distinção entre os verbos ser e estar na língua portuguesa, a tradução perdeu-se um pouco e a melhor forma de compreender o *cogito*, em nossa língua, foi com a versão "penso, logo existo".

É possível também inferir o sentido de existência do cogito cartesiano após a segunda meditação de *Meditações metafísicas*, em que Descartes explica que essência e existência, no interior de sua obra, são iguais.

5.4 Jean Jacques Rousseau (1712-1778)

Jean-Jacques Rousseau argumentou que a educação deveria permitir o desenvolvimento natural e livre das crianças, uma visão que levou ao movimento moderno conhecido como "educação aberta". Ao contrário de Platão, Rousseau descreveu uma educação fundamentalmente distinta para meninos e meninas, levantando questões de gêneros discutidas até os dias atuais.

Apesar da vida conturbada e uma saúde física e psíquica instável, o escritor franco-suíço tornou-se um dos maiores intelectuais do iluminismo francês, sendo considerado um precursor do socialismo (por conta de suas teses sobre a imoralidade da propriedade privada) e o do romantismo (por defender a necessidade de uma maior conexão do ser humano com a natureza). Dentro das classificações das escolas filosóficas, podemos encaixar o pensador no iluminismo e no contratualismo.

Nascido em Genebra, em 1712, órfão de mãe, teve uma infância difícil, estudando na casa de tios, entre o interior da França e da Itália.

Em 1749, venceu um concurso de redação, na Academia de Dijón, dissertando sobre a tese Se o progresso das ciências e das artes contribui para corromper ou apurar os costumes. A partir daí, sua vida mudou.

Rousseau passou a escrever sobre temas como moral, religião, política e economia, o que lhe garantiu o estatuto de filósofo. Retornou a Genebra, voltou a cultuar o protestantismo, escreveu sobre música, conheceu um dos fundadores da *Enciclopédia Denis Diderot*, que o encomendou verbetes sobre música para a obra, e redigiu os seus principais livros (*Emílio*; *Discurso sobre a origem da desigualdade entre os homens*; e *O contrato social*).

Em 1762, suas duas principais obras, *Emílio* e *O contrato social*, foram condenadas, e Rousseau precisou fugir das autoridades francesas, indo para a Ilha de Córsega. Em Córsega, sentiu a pressão das autoridades. Refugiou-se na Inglaterra, onde foi traído pelo amigo filósofo David Hume, que o denunciou.

Em 1767, retornou à França, casou-se com Thérèse Levasseur e escreveu seus últimos livros, durante o acirramento dos processos que levariam à Revolução Francesa. Morreu no dia 2 de julho de 1778, por complicações causadas por uma doença neurológica crônica.

Apesar de ser considerado um filósofo, Rousseau não fez o que a maioria dos pensadores dessa área preocupam-se em fazer: escrever sistemas lógicos e tratados em que defendem e argumentam sistematicamente sobre um ponto de vista, até esgotá-lo. O pensador transitou entre teorias diversas, sem procurar criar sistemas para defendê-las. A sua filosofia era muito mais ensaística do que uma de tratados.

Utilizou seu belo estilo e bons argumentos para defender uma complicada tese geral: a de que o ser humano teria uma vida bem melhor quando em seu estado natural. Podemos dividir a defesa de Rousseau em duas grandes ideias:

1) Estado de natureza

O ser humano é um ser animal como qualquer outro, vivendo, assim, em um momento hipotético chamado de estado natural ou estado de natureza. Esse estado era de plena liberdade e era o momento em que o ser humano foi capaz de desenvolver-se plenamente e sem as amarras sociais.

Ele era puro, por ainda não conhecer a moral, e vivia como um animal vive na selva. Não havia moral e não havia propriedade, portanto, não existia qualquer traço de corrupção do ser humano.

Isso mudou quando surgiu a propriedade privada, e, a partir de então, foi necessário o estabelecimento de um contrato social.

2) O contrato social

Contrato social, ou pacto civil, é o artifício elaborado pelo ser humano para resolver os problemas decorrentes da propriedade privada no estado de natureza. Como não havia uma lei específica que regulamentasse a propriedade no estado natural, o ser humano teve de recorrer a outros meios (o estado civil) para regulamentá-la.

Com isso, ficou instituído o governo, as leis e a moral, fato que corrompeu o ser humano, pois ele se afastou de sua natureza.

Para que haja um governo justo e que reaproxime o ser humano de sua natureza, seria necessário que o governo atendesse à vontade geral do povo, o que, mesmo inconscientemente, requer uma política que reaproxime o ser humano de sua natureza e anule qualquer traço de corrupção moral na sociedade.

Rousseau escreveu vários livros e deixou uma extensa obra não publicada. Entre os seus principais livros, estão:

- *Discurso sobre as ciências e as artes* – Este livro inaugural do pensamento rousseauniano é a resposta ao concurso proposto pela Academia de Dijón.

    Nele, o filósofo defende que as ciências e as técnicas não promovem o aprimoramento moral do ser humano, pelo contrário, elas promovem o seu afastamento de sua natureza. Com isso, há um processo de corrupção do ser que o leva à sua ruína moral e social.

- *O contrato social* – Nesta obra, o filósofo dedica-se a demonstrar como seria o estado de natureza e como o pacto social colocou-se como momento de mudança para que a sociedade passasse a viver de maneira a contemplar o convívio social por meio de normas jurídicas e morais.
- *Sobre a origem da desigualdade entre os homens* – Neste livro, Rousseau mostra como a propriedade privada tornou-se o meio de corrupção primeiro entre os seres humanos, iniciando a desigualdade entre as pessoas e rompendo com a lei de natureza.
- *Emílio* – Este livro é um ensaio sobre a educação ou como os adultos deveriam educar as crianças para que elas se tornassem pessoas mais livres, em contanto com sua natureza, e melhores cidadãos.

5.5 John Dewey (1859-1952)

O filósofo norte-americano John Dewey é o nome mais célebre da corrente filosófica que ficou conhecida como pragmatismo, embora ele preferisse o nome instrumentalismo – uma vez que, para essa escola de pensamento, as ideias só têm importância desde que sirvam de instrumento para a resolução de problemas reais.

No campo específico da pedagogia, a teoria de Dewey se inscreve na chamada educação progressiva. Um de seus principais objetivos é educar a criança como um todo. O que importa é o crescimento – físico, emocional e intelectual. Quantas vezes já ouvimos falar na necessidade de valorizar a capacidade de pensar dos alunos?

De prepará-los para questionar a realidade? No Brasil, o norte-americano inspirou o movimento da Escola Nova, liderado por Anísio Teixeira, ao colocar a atividade prática e a democracia como importantes ingredientes da educação.

5.5.1 História

Nascido em 1859, na pequena cidade agrícola de Burlington, no estado norte-americano de Vermont, Dewey teve uma educação desinteressante e desestimulante, o que foi compensado pela formação que recebeu em casa.

Ainda criança, sua mãe passava pequenas tarefas para despertar nos filhos o senso de responsabilidade. Foi professor secundário por três anos, antes de cursar a Universidade Johns Hopkins, em Baltimore. Estudou artes e filosofia, tornando-se professor da Universidade de Minnesota.

Escreveu sobre filosofia e educação, além de arte, religião, moral, teoria do conhecimento, psicologia e política. Seu interesse por pedagogia nasceu da observação de que a escola de seu tempo continuava, em grande parte, orientada por valores tradicionais, e não havia incorporado as descobertas da psicologia, nem acompanhara os avanços políticos e sociais. Fiel à causa democrática, participou de vários movimentos sociais. Criou uma universidade-exílio para acolher estudantes perseguidos em países de regime totalitário. Morreu em 1952, aos 93 anos.

5.5.2 Experimentalismo

Em quase um século, presenciou muitas transformações. Viu o fim da Guerra Civil Americana, o desenvolvimento tecnológico, a Revolução Russa de 1917, a crise econômica de 1929. Dessa efervescência mundial, nasceu sua concepção mutável da realidade e dos valores, além da convicção de que só a inteligência dá ao homem o poder de alterar sua existência. "Idealizar e racionalizar o universo em geral é uma confissão de incapacidade de dominar os cursos das coisas que especificamente nos dizem respeito", escreveu.

Essa perspectiva levou Dewey a rejeitar a ideia de leis morais fixas e imutáveis. Como boa parte dos intelectuais de seu tempo, o filósofo norte-americano sofreu forte influência tanto do evolucionismo das ciências naturais quanto do positivismo das ciências humanas. Defendia a utilização, diante dos problemas sociais, dos métodos e atitudes experimentais que foram bem-sucedidos nas ciências naturais. Ele próprio procurou aplicar essa abordagem em relação à investigação filosófica e à didática.

5.5.3 Escola-laboratório

Influenciado pelo empirismo, criou uma escola-laboratório ligada à universidade onde lecionava para testar métodos pedagógicos. Insistia na necessidade de estreitar a relação entre teoria e prática. Acreditava que as hipóteses teóricas só têm sentido no dia a dia.

Outra tese clássica de sua teoria é a crença de que o conhecimento é construído de consensos, que por sua vez resultam de discussões coletivas: "O aprendizado se dá quando compartilhamos experiências, e isso só é possível num ambiente democrático, onde não haja barreiras ao intercâmbio de pensamento", escreveu.

Por isso, a escola deve proporcionar práticas conjuntas e promover situações de cooperação, em vez de lidar com as crianças de forma isolada.

Seu grande mérito foi ter sido um dos primeiros a chamar a atenção para a capacidade de pensar dos alunos. Dewey acreditava que, para o sucesso do processo educativo, bastava um grupo de pessoas se comunicando e trocando ideias, sentimentos e experiências sobre as situações práticas do dia a dia.

Reconhecia que, à medida que as sociedades foram ficando complexas, a distância entre adultos e crianças se ampliou. Daí a necessidade da escola, um espaço onde as pessoas se encontram para educar e ser educadas. O papel dessa instituição, segundo ele, é reproduzir a comunidade em miniatura, apresentar o mundo de um modo simplificado e organizado e, aos poucos, conduzir as crianças ao sentido e à compreensão das coisas mais complexas. Em outras palavras, o objetivo da escola deveria ser ensinar a criança a viver no mundo.

Argumentou que o aprendizado se dá, efetivamente, quando os alunos são colocados diante de problemas reais. A educação, na visão *deweyana*, é "uma constante reconstrução da experiência, de forma a dar-lhe cada vez mais sentido e a habilitar as novas gerações a responder aos desafios da sociedade".

Educar, portanto, é mais do que reproduzir conhecimentos. É incentivar o desejo de desenvolvimento contínuo, preparar pessoas para transformar algo.

A experiência educativa é, para Dewey, reflexiva, resultando em novos conhecimentos. Deve seguir alguns pontos essenciais: que o aluno esteja numa verdadeira situação de experimentação, que a atividade o interesse, que haja um problema a resolver, que ele possua os conhecimentos para agir diante da situação e que tenha a chance de testar suas ideias. Reflexão e ação devem estar ligadas, são parte de um todo indivisível. Dewey acreditava que só a inteligência dá ao homem a capacidade de modificar o ambiente a seu redor.

5.5.4 Liberdade intelectual

A filosofia *deweyana* remete a uma prática docente baseada na liberdade do aluno para elaborar as próprias certezas, os próprios conhecimentos, as próprias regras morais.

Isso não significa reduzir a importância do currículo ou dos saberes do educador. Para Dewey, o professor deve apresentar os conteúdos escolares na forma de questões ou problemas e jamais dar de antemão respostas ou soluções prontas. Em lugar de começar com definições ou conceitos já elaborados, deve usar procedimentos que façam o aluno raciocinar e elaborar os próprios conceitos para depois confrontar com o conhecimento sistematizado. Pode-se afirmar que as teorias mais modernas da didática, como o construtivismo e as bases teóricas dos Parâmetros Curriculares Nacionais, têm inspiração nas ideias do educador.

5.6 Antônio Gramsci

Nascido em Ales, na Ilha da Sardenha, em 1891, numa família pobre e numerosa, Antônio Gramsci foi vítima, antes dos 2 anos, de uma doença que o deixou corcunda e prejudicou seu crescimento.

Na idade adulta, não media mais do que 1,50m e sua saúde sempre foi frágil. Aos 21 anos, foi estudar Letras em Turim, onde trabalhou como jornalista de publicações de esquerda. Militou em comissões de fábrica e ajudou a fundar o Partido Comunista Italiano, em 1921.

Conheceu a esposa, Julia Schucht, em Moscou, para onde foi enviado como representante da Internacional Comunista. Em 1926, foi preso pelo regime fascista de Benito Mussolini. Ficou célebre a frase dita pelo juiz que o condenou: "Temos que impedir esse cérebro de funcionar durante vinte anos".

Gramsci cumpriu dez anos, morrendo numa clínica de Roma em 1937. Na prisão, escreveu os textos reunidos em *Cadernos do cárcere* e *Cartas do cárcere*. Sua obra inspirou o eurocomunismo – a linha democrática seguida pelos partidos comunistas europeus na segunda metade do século XX – e teve grande influência no Brasil nos anos de 1970 e 1980.

Muitos pensadores clássicos da educação, entre eles Jean-Jacques Rousseau (1712-1778), subordinavam o processo pedagógico à natureza. A própria evolução das crianças daria conta de grande parte do aprendizado. Gramsci tinha outra ideia. A educação seria uma luta contra os instintos ligados às funções biológicas elementares, uma luta contra a natureza, para dominá-la e criar o homem atual à sua época. Você concorda com ele ou considera equivocada a tese de que a cultura distancia o homem da natureza? Ou seria possível conciliar as duas correntes de pensamento? Reflitam sobre isso.

5.6.1 Escola unitária

Uma escola que não tenha qualquer distinção no processo formativo oferecido para os estudantes, independente de classes sociais ou dos objetivos profissionais futuros. Essa foi a principal ideia no campo da educação do pensador italiano, que consolidou essa premissa no conceito de *escola unitária* ou *escola única*.

Referência no campo das ciências sociais, com Gramsci (talvez o marxista "clássico" que mais longe levou a reflexão sobre a escola), nas milhares de páginas nem sempre linearmente dispostas de sua obra *Cadernos do cárcere* repousa uma vigorosa reflexão sobre a escola como tal e sobre o Estado, a política e a sociedade civil, como um todo.

Trata-se de um autor eminentemente polêmico, até mesmo porque sua obra tem dimensões "enciclopédicas" e está aberta à política, tendo sido usada de modo, muitas vezes, indiscriminada e simplificada.

É preciso acompanhar seu percurso teórico para explorar ao máximo sua originalidade, centrada no esforço vigoroso para estabelecer novos critérios da realidade econômica, política e social da sua época.

Gramsci queria entender melhor uma realidade, para ele mais forte do que os esquemas teóricos que então prevaleciam. Só assim imaginava ser possível formular uma estratégia viável de luta para os trabalhadores.

Inovando a dialética que vinha de Hegel e Marx, sua obra foi construída à base de nexos, articulações, unidades e distinções, processos e contradições, envolvendo diversos aspectos. O Estado não poderia mais ser compreendido apenas como expressão da sociedade política: em seu interior, instalara-se um espaço específico – a sociedade civil – lugar dos interesses organizados e das lutas pela hegemonia. Exatamente por isso, o campo das subjetividades, das ideias e da cultura – portanto, dos sujeitos, dos intelectuais e da escola – tornara-se absolutamente decisivo.

5.6.2 Importância da escola

Cofundador do Partido Comunista Italiano, uma das referências essenciais do pensamento de esquerda no século XX, embora comprometido com um projeto político que deveria culminar com uma revolução proletária, Gramsci se distinguia de seus pares por desacreditar de uma tomada do poder que não fosse precedida por mudanças de mentalidade. Para ele, os agentes principais dessas mudanças seriam os intelectuais, e um dos seus instrumentos mais importantes, a escola.

Alguns conceitos criados ou valorizados por Gramsci hoje são de uso corrente em várias partes do mundo. Um deles é o de cidadania. Foi ele quem trouxe à discussão pedagógica a conquista da cidadania como um objetivo da escola. Ela deveria ser orientada para a elevação cultural das massas; ou seja, livrá-las de uma visão de mundo que predispõe à interiorização acrítica da ideologia das classes dominantes.

Ao contrário da maioria dos teóricos que se dedicaram à interpretação e à continuidade do trabalho intelectual do filósofo alemão Karl Marx (1818-1883), que concentraram suas análises nas relações entre política e economia, Gramsci deteve-se, particularmente, no papel da cultura e dos intelectuais nos processos de transformação histórica. Suas ideias sobre educação surgem desse contexto.

5.6.3 Hegemonia

Para entendê-las, é preciso conhecer o conceito de hegemonia, um dos pilares do pensamento gramsciano. Antes, deve-se lembrar que a maior parte da obra de Gramsci foi escrita na prisão e só veio a público depois de sua morte.

Para despistar a censura fascista, adotou uma linguagem cifrada, que se desenvolve em torno de conceitos originais (como bloco histórico, intelectual orgânico, sociedade civil e a citada hegemonia, para mencionar os mais célebres) ou de expressões novas em lugar de termos tradicionais (como filosofia da práxis para designar o marxismo). Seus escritos têm forma fragmentária, com muitos trechos que apenas indicam reflexões a serem desenvolvidas.

Durante sua curta vida, testemunhou de perto os dois extremos totalitários do século XX. Conheceu, em Moscou, a Revolução Russa no calor de seus primeiros anos e, pouco tempo depois, foi uma das vozes pioneiras a denunciar a degeneração da política soviética para a tirania, sob Josef Stalin.

No outro extremo, a ditadura fascista em seu país natal fez de Gramsci um alvo precoce de perseguição, que resultou em sua prisão.

A trajetória do pensador pela Itália durante a infância e a juventude – do sul atrasado, camponês e tradicionalista ao norte industrial, onde se engajou na política – também não podia ter sido mais emblemática das contradições do seu tempo. A lucidez com que Gramsci refletiu sobre essas experiências fez seu pensamento sobreviver não só a ele mesmo como também ao próprio socialismo real, como era chamado o regime característico do conjunto de países comunistas do Leste Europeu, que desmoronou em bloco na virada dos anos de 1980 para os anos de 1990.

Seu pensamento, que havia sido uma alternativa ao marxismo predominante nos meios acadêmicos de todo o mundo até então, continua atual.

5.6.4 A mente antes do poder

Hegemonia significa, para Gramsci, a relação de domínio de uma classe social sobre o conjunto da sociedade.

O domínio se caracteriza por dois elementos: força e consenso. A força é exercida pelas instituições políticas e jurídicas e pelo controle do aparato policial-militar. O consenso se refere, sobretudo, à cultura: trata-se de uma liderança ideológica conquistada entre a maioria da sociedade e formada por um conjunto de valores morais e regras de comportamento. Segundo Gramsci, toda relação de hegemonia é, necessariamente, uma relação pedagógica; isto é, de aprendizado.

A hegemonia é obtida, segundo Gramsci, por meio de uma luta de direções contrastantes. Primeiro, no campo da ética; depois, no da política. Ou seja, é necessário, primeiro, conquistar as mentes; depois, o poder. Isso nada tem a ver com propaganda ou manipulação ideológica.

Não se trata de um doutrinamento abstrato. Para Gramsci, a função do intelectual (e da escola) é mediar uma tomada de consciência (do aluno, p. ex.) que passa pelo autoconhecimento individual e implica reconhecer, nas palavras do pensador, o próprio valor histórico.

5.6.5 Acesso dominante

O terreno da luta de hegemonias é a sociedade civil, que compreende instituições de legitimação do poder do Estado, como a Igreja, a escola, a família, os sindicatos e os meios de comunicação.

Ao contrário do pensamento marxista tradicional, que tende a considerar essas instituições como reprodutoras mecânicas da ideologia do Estado, Gramsci via nelas a possibilidade do início das transformações, por intermédio do surgimento de uma nova mentalidade ligada às classes dominadas.

Na escola prevista por ele, as classes desfavorecidas poderiam se inteirar dos códigos dominantes, a começar pela alfabetização. A construção de uma visão de mundo que desse acesso à condição de cidadão teria a finalidade inicial de substituir o que Gramsci chama de "senso comum" – conceitos desagregados, vindos de fora e impregnados de equívocos decorrentes da religião e do folclore.

Com o termo folclore, o pensador designa tradições que perderam o significado, mas continuam se perpetuando. Para que o aluno adquira criticidade, defendia, para os primeiros anos de escola, um currículo que lhe apresentasse noções instrumentais (ler, escrever, fazer contas, conhecer os conceitos científicos) e seus direitos e deveres de cidadão.

5.6.6 Ensino desinteressado

Uma parte importante das reflexões de Gramsci sobre educação foi motivada pela reforma empreendida por Giovanni Gentile, Ministro da Educação de Benito Mussolini, que reservava aos alunos das classes altas o ensino tradicional, completo, e aos das classes pobres uma escola voltada principalmente para a formação profissional. Em reação, Gramsci defendeu a manutenção de uma escola única inicial de cultura geral, humanista, formativa. Para ele, a Reforma Gentile visava predestinar o aluno a um determinado ofício, sem lhes dar acesso ao ensino desinteressado que cria os primeiros elementos de uma intuição do mundo.

Ao contrário dos pedagogos da escola ativa, que defendiam a construção do aprendizado pelos estudantes, Gramsci acreditava que, pelo menos nos primeiros anos de estudo, o professor deveria transmitir conteúdos aos alunos.

A escola unitária de Gramsci é a escola do trabalho, mas não no sentido estreito do ensino profissionalizante, com o qual se aprende um ofício. Em termos metafóricos, não se trata de colocar uma torneira em sala de aula, mas de ler um livro sobre o significado, a história e as implicações econômicas de uma torneira, por exemplo.

6
A ciência do raciocínio

Para uns, é a ciência dos números. Para outros, a ciência do raciocínio. Para Pitágoras, de Samos (Grécia, 570 a.C.-495 a.C.), o número é a arché (princípio) de todas as coisas. Foi assim que nasceu a Matemática, que se reveste de um enorme prestígio entre todas as ciências.

Tive uma dupla felicidade. Primeiro, ter feito o curso de Matemática na Faculdade de Filosofia, Ciências e Letras da então Universidade do Distrito Federal, que funcionava nas instalações do famoso Instituto La-Fayette (Tijuca). Foram quatro anos de intenso aprendizado, com notáveis professores, como Haroldo Lisboa da Cunha, Luiz Caetano de Oliveira, Dora Genes, Bayard Boiteuxe, dentre outros. Depois, a minha felicidade se completou quando, já bacharel, recebi o convite do diretor da FFCL, Professor Ney Cidade Palmeiro, para lecionar Geometria Analítica nas primeiras séries dos cursos de Matemática, Física e Química.

Tive esse privilégio durante sete anos, período só interrompido quando troquei de área para lecionar Administração Escolar e Educação Comparada, já então para todos os cursos da Faculdade, outra honra que me foi concedida, por sugestão do Professor Francisco Alcântara Gomes Filho.

Nomes e fatos da Matemática se tornaram, para mim, bastante familiares, como o Teorema de Pitágoras ("o quadrado da hipotenusa é igual à soma dos quadrados dos catetos") ou as contribuições de Tales de Mileto e Euclides, este no século III a.C., com os seus incríveis *Elementos* seguidos de *Postulados* que não se demonstram, como aquele que afirma que "por um ponto fora de uma reta só passa uma paralela a essa reta". Lembro-me também daquela verdade matemática: "Toda paralela a um dos lados de um triângulo determina um segundo triângulo semelhante ao primeiro". Comprova-se isso com o exame das sombras projetadas pelas pirâmides nas areias do deserto. Querem algo mais bonito?

Há uma equivalência entre Matemática e Lógica, como comprovou Leibniz. E Newton conseguiu unir Matemática e Física, fortalecendo o método empírico. Uma das suas contribuições mais originais foi a formulação do Cálculo Integral. Ele estabeleceu a presença da ordem e da lei mediante as descobertas relativas ao movimento dos corpos celestes. Provava que todos os processos da natureza se desenvolvem conforme rigorosas leis matemáticas, daí a valorização do que ele chamava de experimentação.

Parte III

Parte III

Início do ensino no Brasil

A fundação da Vila de São Vicente, por Martim Afonso de Sousa, em 22 de janeiro de 1532, assinala o início efetivo da colonização portuguesa no Brasil. Contudo, na criação desse primeiro núcleo permanente de colonos não se cogitou nada que se relacionasse com a educação de seus moradores. Dois anos mais tarde, Portugal instituiu o sistema das capitanias hereditárias, já aplicado em algumas ilhas do Atlântico.

Os direitos e obrigações dos contemplados com os extensos lotes de terra em que foi dividido o território brasileiro constavam dos "forais" e das" cartas de doação" entregues a cada um deles. Por esses documentos, ficavam investidos de poderes que variavam desde a faculdade de distribuir terras até a obrigação de defender, da melhor forma possível, seus quinhões contra as arremetidas dos índios e dos estrangeiros. De instrução não se cuidava. Não há nos documentos mencionados uma única palavra a respeito. Na realidade, todos vinham para o Brasil apenas para tentar a sorte, juntando bens que lhes proporcionassem um feliz regresso à terra de origem.

Esse sistema de colonização redundou em fracasso quase completo, salvando-se do desastre, no consenso geral dos historiadores, apenas as capitanias de São Vicente e de Pernambuco.

Em fins de 1548, decidiu o governo português instituir – sem prejuízo da manutenção das capitanias e dos direitos concedidos a seus titulares – um governo-geral, com sede na Bahia, destinado a se tornar um foco central administrativo, auxiliado por forças militares capazes de socorrer os donatários, quando necessário.

O primeiro governador-geral, Tomé de Sousa, desembarcou na Bahia em 29 de março de 1549. Encontrava-se a colônia inteiramente despreparada em matéria de instrução, não só do chamado "gentio" como, igualmente, dos filhos dos colonos. A principal tarefa que caberia aos jesuítas estava contida na recomendação de Pero Vaz de Caminha ao rei Dom Manuel I, ao encerrar, no dia 1º de maio de 1500, a sua extensa carta: a de que se lançasse, entre o gentio, a semente da fé cristã.

Os padres não pouparam esforços para aprender, com a maior rapidez possível, a língua do "gentio". E faziam isso sem descurar do cuidado com os meninos índios. Ensinavam a ler e escrever, simultaneamente com a doutrina cristã. A língua falada pelos índios compreendia o que chamamos uma variedade de dialetos, distribuídos de acordo com as regiões que habitavam num território tão extenso como é o do Brasil.

7.1 Primeiros colégios

Os primeiros colégios e "aulas de ensinar a ler e contar", criados pelos jesuítas em várias localidades do Brasil, a começar pela cidade do Salvador, eram mantidos com sacrifício, mediante esmolas e donativos especiais, e mão de obra nas construções que faziam incluía o esforço físico dos próprios religiosos, ajudados por índios e alguns colonos mais prestativos. Nas terras anexas às suas casas faziam plantações que lhes forneciam parte do alimento necessário para a subsistência.

De Portugal, a companhia procurava atender aos pedidos de material de estudo – cadernos e livros, muito difíceis de obter na colônia. Hoje, analisando os fatos com a visão de nossos tempos, falta em que incorrem muitos historiadores, procuram alguns "esclarecidos" demolir aquilo que as circunstâncias não permitiram que fosse feito com a técnica e os recursos atuais.

Na verdade, a resistência oposta pelos colonos a qualquer coisa que estivesse fora de seus planos de rápido enriquecimento dificultava sobremaneira a ação dos jesuítas. Não se queria pensar em outra coisa, além de explorar ao máximo todas as fontes possíveis de lucro. Gastar dinheiro com ensino equivalia a jogá-lo fora. Poucos capítulos da história do Brasil, em sua fase colonial, possuem tão rica e autêntica documentação como a que se relaciona com a ação da Companhia de Jesus no Brasil.

E custa a crer que o tão reduzido contingente de jesuítas, vindos com Tomé de Sousa, tivesse conseguido, em poucos anos, levar a termo a mensagem cristã a diversas localidades espalhadas pelo vasto litoral brasileiro. Depois de improvisarem uma pequena igreja destinada ao culto na cidade do Salvador, deram início, com a permissão do governador, à tarefa principal de que vinham incumbidos – a catequese.

Se os benefícios da educação jesuítica são discutíveis, se há quem lhe impute mais malefícios que benefícios, é impossível negar-lhe a eficácia. Como diz José Bonifácio, em carta conservada no arquivo do Instituto Histórico e Geográfico Brasileiro (Lata 191, ms. 4.916): "Os colégios de educação dos índios crianças foi o melhor meio de as [sic] domesticar e converter o que os jesuítas praticavam".

7.2 José de Anchieta

A ação extraordinária do Padre Manuel da Nóbrega seria continuada por um de seus mais eficientes colaboradores – o Padre José de Anchieta –, que chegara ao Brasil com o Governador Duarte da Costa, em 1553, ainda como simples irmão.

Desde cedo, revelou-se como um dos mais operosos evangelizadores do século XVI em nosso país. Habituando-se a lidar com os índios, procurou e conseguiu cativar-lhes a amizade. Estudou profundamente a sua língua e ensinou os filhos a ler. Divertiu a todos com suas peças rústicas, com fundo religioso e, coroando sua obra, foi o autor da *Arte da gramática da língua usada na costa do Brasil*, impressa em 1595, dois anos antes de sua morte.

No Colégio de Piratininga, depois chamado de São Paulo, ostentou todo o seu zelo e manifestou sua dedicação evangélica. Encarregado do ensino dos neófitos, escrevia as lições, na falta de livros, nos cadernos que distribuía a cada aluno.

São José de Anchieta, depois de mais de quarenta anos de intensa atividade, faleceu em Reritiba, na Capitania do Espírito Santo, em 9 de junho de 1597.

7.2.1 Expansão

Em Pernambuco, onde os primeiros jesuítas chegaram em 1550, o donatário da capitania, Duarte Coelho, ofereceu-lhes uma ermida já pronta, que havia sido edificada para abrigar os religiosos de Santo Agostinho. Como estes não tivessem vindo para o Brasil, os inacianos receberam-na do próprio governador.

As aulas para os locais não tardariam a ser iniciadas. A expansão jesuítica no século XVI, com suas igrejas e estabelecimentos de ensino, alcançou inúmeras localidades. Não se deve pensar que esse processo de expansão e desenvolvimento das primeiras igrejas e colégios se fazia com facilidade e amplos recursos.

Os jesuítas foram obrigados a enfrentar a hostilidade de grande parte dos colonos, de muitas autoridades, dos índios, sempre desconfiados, e até mesmo do primeiro bispo do Brasil, Pero Fernandes Sardinha, apesar de o estabelecimento do bispado em nosso país ter sido solicitado, em várias oportunidades, ao rei Dom João III, pelos inacianos.

O certo, no entanto, é que, como a política colonial portuguesa fosse a de ver o Brasil apenas como celeiro, não havia por que nele investir a longo prazo. E não fosse a atuação dos jesuítas, levando a fé, mas também dilatando o império, as primeiras instituições educacionais só apareceriam na época da Independência.

7.2.2 Diversidade

Antes de os jesuítas se instalarem no Brasil, assinalaram-se a passagem e a permanência de padres de ordens diversas em várias localidades do nosso litoral. Os franciscanos foram os primeiros, na pessoa do capelão da frota de Cabral, Frei Henrique Soares, e dos outros sete que o acompanharam com destino à Índia.

Com a introdução do regime das capitanias hereditárias, padres seculares tratados em geral, na época, como "clérigos", aqui aportaram. Mais tarde, no entanto, os jesuítas os descreveriam quase todos como desprovidos dos mais rudimentares preceitos da moral cristã, corruptos, ambiciosos e apóstatas, comportando-se de acordo com o padrão dos piores colonos: ensinar a ler e escrever não lhes passava pela cabeça. Entretanto, há que assinalar a existência de religiosos como, por exemplo, Frei Pedro Palácios, que viveu no Espírito Santo, de 1558 até 1570, quando morreu, deixando fama de santidade.

Os carmelitas chegaram ao Brasil em 1580, constituindo a segunda ordem religiosa a se estabelecer em nosso país. Destinados à capitania da Paraíba, os quatro primeiros de seus membros que para aqui vieram acabaram por fixar-se em Olinda onde, em 1583, foram autorizados a fundar um convento. Mais tarde, abririam outra casa, na Bahia, e uma terceira, no Espírito Santo. Sua ação apostólica estendeu-se por muitos anos à Região Amazônica, onde prestaram inestimáveis serviços.

Os beneditinos tiveram sua primeira casa no Brasil, na capitania da Bahia, em 1584, e, em 1586, fundaram uma abadia, no Rio de Janeiro.

Os franciscanos instalaram-se em caráter permanente, no Brasil, na vila de Olinda, capital de Pernambuco, onde edificaram, em 1585, o Convento de Nossa Senhora das

Neves. Seguindo o exemplo dos jesuítas, dedicaram-se à catequese dos indígenas e, dessa forma, espalharam-se por várias localidades do país: em 1587 na Bahia, em 1588 em Igaraçu (Pernambuco), em 1589, na Paraíba e, em 1591, no Espírito Santo. A parte sul do Brasil só teria a atenção da Ordem a partir de 1608, com a fundação do Convento de Santo Antônio, no Rio de Janeiro.

Vê-se, dessa forma, que, embora não dispusessem dos recursos materiais dos inacianos, nos derradeiros anos do século XVI, religiosos pertencentes a outras ordens também contribuíram para ajudar a disseminar a educação no Brasil. Mas, deve ficar claro que aos jesuítas coube, em seus dois séculos de presença no Brasil, a glória maior de terem contribuído para manter a integridade territorial e a unidade religiosa da jovem nação.

7.3 Expulsão

No ano de 1750, morreu o rei Dom João V e passou a reinar seu filho, Dom José I. Em 1º de abril de 1758, o cardeal-patriarca de Lisboa recebeu a nomeação, feita pelo papa, de "Reformador dos Clérigos Regulares da Companhia de Jesus". Era o começo do fim.

O cardeal despejou suas baterias imediatamente contra os discípulos de Santo Inácio, acusando-os de se preocuparem mais com os interesses materiais, na qualidade de comerciantes, do que com a salvação das almas. Os padres jesuítas ficaram, então, proibidos de pregar em suas igrejas. No mesmo ano, ocorreu um atentado contra a vida do rei Dom José I. Os jesuítas foram acusados, de imediato, de influenciarem os culpados do crime através de seus discursos supostamente tendenciosos contra os interesses do Reino.

Em 19 de janeiro de 1759, começou o sequestro dos bens da Companhia de Jesus, na cidade do Porto. No dia seguinte, o rei Dom José I dirigiu uma carta ao Papa, denunciando os jesuítas como criminosos. Em 3 de setembro de 1759, foi assinada uma lei que bania os jesuítas e proibia a comunicação com eles.

7.3.1 Consequência imediata

A expulsão dos jesuítas teve como consequência imediata, além da desintegração do ensino, o fechamento, no Brasil, de 25 residências, 36 missões e 17 colégios e seminários. Teixeira Soares, ao reproduzir esses números em seu livro sobre o Marquês de Pombal, acrescentou a seguinte observação: "Evidenciou-se, assim, que os jesuítas eram de fato os verdadeiros educadores de Portugal e Brasil. Ficou um vazio imenso, tanto no Reino como no Brasil".

A expulsão dos regulares da Companhia de Jesus atingiu 122 padres. Antes, havia sido concedido aos que quisessem se demitir da ordem, fazê-lo, mediante condições a serem observadas diante das autoridades eclesiásticas. Alguns poucos se aproveitaram dessa concessão para permanecer no país.

Os jesuítas deixaram o Brasil debaixo de uma série de violentas acusações, traduzidas em termos que até hoje causam espanto.

O governo português previra o colapso do sistema de ensino em Portugal e nos seus domínios ultramarinos, e tratara de acautelar se mediante a expedição de vários atos administrativos tendentes a reduzir os efeitos do fechamento dos colégios da Companhia de Jesus.

Por decreto de 6 de julho de 1759, fora nomeado Dom Tomás de Almeida, principal da Santa Igreja de Lisboa, para exercer o cargo de diretor-geral dos Estudos, com o privilégio exclusivo de impressão dos livros clássicos.

7.4 Primeiras letras

Em 10 de novembro de 1772, foi assinada uma lei que abolia as antigas consignações para a Instrução dos Estudos e estabelecia o *subsídio literário*. Da mesma data é o alvará regulando a forma de arrecadação do referido subsídio, e um segundo alvará estabelecendo uma junta para a sua administração. Os vinhos e bebidas espirituosas ficavam sujeitos a uma taxação complementar destinada a fornecer os fundos indispensáveis para o pagamento dos mestres que fossem nomeados pelo governo.

Posto em vigor, no Brasil, a partir de 1773, o subsídio literário iria proporcionar o funcionamento das aulas régias, destinadas ao ensino das primeiras letras, de Gramática Latina, de Filosofia e de Grego.

No Rio de Janeiro, em 28 de junho de 1774, segundo informação de Moreira de Azevedo, o Professor Francisco Rodrigues Xavier Prates deu a primeira aula do seu Curso de Filosofia, à qual estiveram presentes o vice-rei, Marquês do Lavradio e o bispo da cidade.

Ainda no Rio de Janeiro passou a funcionar, durante o governo do Conde de Resende, uma aula régia de Engenharia, autorizada pela rainha Dona Maria I. Vários dos "aulistas" aí formados fizeram curso de sete a oito anos de duração e, uma vez concluídos os estudos, foram designados para servir como engenheiros – com patente de oficiais – em várias unidades militares da capitania.

Convém esclarecer que, desde 1699, tinha sido criada uma aula de fortificação e, posteriormente, outra para aperfeiçoamento de praças e oficiais, constando de Geometria Prática, de Aritmética, Francês, Desenho e Instrução Primária.

Mas as Aulas Régias introduzidas por Pombal não produziram os efeitos desejados, queixando-se os professores dos alunos e os alunos dos professores.

Ainda antes da Inconfidência Mineira, dois "professores régios de Humanidade da Cidade do Rio de Janeiro", Manuel Inácio da Silva Alvarenga, professor de Retórica, e João Marques Pinto, professor de Língua Grega, dirigiram ao ministro Martinho de Melo e Castro uma representação (cujo original se encontra no Arquivo Histórico Ultramarino) que deveria ser encaminhada à rainha, Dona Maria I, na qual expunham

> o abatimento e desprezo em que os eclesiásticos, e principalmente os religiosos, têm posto os estudos – espalhando que são inúteis e que não se estude; e isto com os dolosos fins de conservar o povo na infeliz ignorância e superstição, para desta sorte o terem sem a mínima resistência na sua obediência e interesses particulares.

Pediam, ainda, que ninguém pudesse ser ordenado sem estudar primeiramente Filosofia, Retórica e Língua Grega nas escolas régias.

Em documento anexo, expuseram com maiores detalhes as falhas existentes no ensino público no Brasil, não poupando a displicência dos "Religiosos beneditinos e de Santo Antônio" – que "entretinham a mocidade por uns poucos anos com a sua filosofia peripatética, já proibida pelas leis como inútil e prejudicial ao progresso das ciências". No mesmo documento investiram contra o ensino ministrado pelos padres da Companhia de Jesus.

As reclamações subscritas por Marques Pinto e Manuel Inácio da Silva Alvarenga não se perderam no ar. Dom Rodrigo de Sousa Coutinho, em Aviso de 3 de setembro de 1799, dirigido ao Conde de Resende, Vice-rei do Estado do Brasil, ordenava que se procedesse a rigorosa inspeção de todas as escolas régias e que a fiscalização sobre o ensino nelas ministrado fosse permanente, estendendo-se a mesma não só aos alunos, mas, principalmente, aos professores.

7.5 Nível superior

Dando sequência à ideia de que, no Brasil, o ensino militar deveria preceder a qualquer outro de nível superior (é de lembrar que foi o primeiro a ser implantado, em 1699), funcionou no governo do vice-rei, Conde de Resende, no Rio de Janeiro, com duração de vários anos, um Curso de Engenharia Militar, destinado a preparar oficiais para servir nos regimentos aquartelados nos diferentes pontos do país.

Para os brasileiros que desejassem frequentar outros cursos universitários a opção, em geral, era conseguir matrícula na Universidade de Coimbra. Ao contrário do que se poderia supor, desde o século XVI abriram-se aos estudantes brasileiros as portas daquele estabelecimento.

No século XVII, 363 estudantes nascidos no Brasil matricularam-se em diversos cursos da famosa Universidade Portuguesa. No século seguinte, elevou-se o número de estudantes brasileiros em Coimbra para 1.749. Lá estiveram, entre outros, Gregório de Matos, os irmãos Alexandre e Bartolomeu de Gusmão, José Álvares Maciel, Alvarenga Peixoto, José Bonifácio de Andrada e Silva, Manuel Ferreira da Câmara Bittencourt e Sá, José Joaquim de Azevedo Coutinho, Baltazar da Silva Lisboa e Antônio de Morais e Silva.

Julgando o país já com maturidade suficiente para possuir um estabelecimento de Ensino Superior, os inconfidentes de Minas Gerais incluíram, entre seus planos, o da criação de uma universidade em Vila Rica (Ouro Preto). José de Resende Costa (filho) foi aconselhado a não viajar para Portugal, pois o Brasil em breve contaria com uma instituição equivalente à Universidade de Coimbra.

A primeira tentativa no sentido de se introduzir no Brasil o ensino de ciências médicas surgiu em Minas Gerais, em 1797, quando Joaquim Félix Pinheiro propôs ao governador da capitania, Visconde de Barbacena, a criação de uma cadeira de Anatomia, Cirurgia e Partos, afirmando que dela a capitania de Minas Gerais muito necessitava.

Em despacho de 24 de maio de 1797, o visconde mostrou-se favorável à ideia e promoveu seu encaminhamento ao ministro Rodrigo de Sousa Coutinho, em Lisboa. A sugestão foi aprovada em 1801, mas não chegou a entrar em vigor.

7.6 Instrução primária e secundária

Se era essa a situação do ensino superior, a instrução primária e a que se poderia chamar secundária também passavam por estágio de desenvolvimento desordenado, pela falta de um plano geral a ser observado em todas as capitanias do Brasil, mesmo depois da instalação da corte no Rio de Janeiro. Aumentavam consideravelmente os pedidos de criação de escolas de primeiras letras, atendidos ou não, conforme a disponibilidade de recursos para pagamento de professores. Acompanhando-se a legislação da época, chega-se facilmente a essa conclusão. Por decisão de 20 de maio de 1809, foi criada, na capela da nova aldeia dos índios coroados do presídio de São João, uma cadeira de ensino primário.

O ensino religioso oficial foi beneficiado com a criação, em abril de 1811, de um seminário na cidade do Salvador, que começou a funcionar quatro anos depois.

Para evitar o esvaziamento das escolas, o governo decidiu isentar do recrutamento para fins militares os alunos dos estabelecimentos públicos que demonstrassem frequência, assiduidade e bom aproveitamento, o que deveria ser atestado pelos professores.

Em 1817, a cidade do Rio de Janeiro contava, além das escolas de primeiras letras, dos estabelecimentos de ensino militar e naval, das aulas de Medicina e as de Comércio, com três de Gramática Latina, uma de Retórica, uma de Filosofia, uma de Grego e uma de Desenho e Pintura.

Um grupo de negociantes do Rio de Janeiro propôs ao príncipe-regente, que agradeceu em 5 de março de 1816, a constituição de um fundo, cujos rendimentos seriam reservados para criar e manter estabelecimentos destinados à instrução pública.

Examinando-se cuidadosamente a legislação brasileira no período que vai da chegada da família real ao Brasil, em 1808, até as vésperas da Independência, verifica-se, acima de tudo, que o atendimento oficial era feito de acordo com as necessidades do momento, sem qualquer plano diretor, à mercê das exposições enviadas pelos governadores das capitanias, autoridades religiosas, além de corporações de comerciantes, ou, ainda, do interesse particular de professores e de pais de alunos.

8

Educar ou ensinar?

O verbo "educar" (do latim *educere*) quer dizer "tirar de dentro para fora". Quando se fala em educação, muitos pensam somente no âmbito escolar, reduzindo o assunto a um período que normalmente fica situado entre os anos de estudo vividos por uma determinada pessoa. Ocorre uma tentativa de transformar todo um processo natural e gradual, num simples limite específico (espaço físico), que denominamos sala de aula. O processo educativo, porém, vai muito além. É conhecer o mundo, aprender a convivência em sociedade, englobando tanto ensinar como aprender.

Educar não é apenas ensinar. A principal diferença entre os dois termos é que o ensino significa o repasse do conhecimento e a educação representa um conjunto de hábitos e valores. Um analfabeto pode ser bem educado. No meio de pessoas pouco instruídas, há pessoas bem-educadas; e no meio de pessoas instruídas, há pessoas mal-educadas.

O estudioso russo Lev Vygotsky, chamado de "Mozart da Psicologia" (morreu muito cedo, em 1933) afirmava que "as pessoas desenvolvem a sua atividade mental e psíquica por meio da fala, o pensamento e a consciência por intermédio do trabalho (atividade) e cooperação".

Segundo Vygotsky, palavra e significado são ferramentas básicas para investigar o desenvolvimento de processos de linguagem e pensamento. Como epígrafe de um dos seus trabalhos, colocou a seguinte citação de Francis Bacon: "Nem a mão nua nem o intelecto, deixados a si mesmos, logram muito. Todos os feitos se cumprem com instrumentos e meios".

Por isso fica claro que bons resultados são obtidos por meio da participação em atividades práticas, partindo do princípio de que nenhum homem é uma ilha. A cooperação com os outros é fundamental. Mas não se pode esquecer que, no cerne da educação está a verdade. Os objetivos práticos habilitam, mas não educam.

A teoria da atividade é um conceito advindo dessa tradição, representada por Vygotsky e seus seguidores. Conceito importante nesse esquema é o de "aprender fazendo", como foi vulgarizado por John Dewey, nos Estados Unidos, e trazido por Anísio Teixeira para o Brasil. Não se pode separar o conhecimento da experiência, nem a teoria da prática, nem o pensamento da ação.

O verbo ensinar tem a intenção de promover uma aprendizagem no outro. Essa aprendizagem pode ser a transmissão de uma informação ou pode ser o desenvolvimento de uma competência como ler e escrever. Posso ensinar alguém a ler e escrever, mas também posso ensinar alguém a roubar e matar, por exemplo.

Já o termo educação implica uma positividade ética. Pressupõe a ideia de transformação naquele que foi educado. Uma transformação tida como positiva. Não posso falar que eduquei uma pessoa para ela se tornar alguém pior. De acordo com o filósofo teórico da área de pedagogia René Hubert, a educação é "um conjunto de ações e influências exercidas voluntariamente por um ser humano em outro".

Uma breve consulta ao dicionário etimológico mostra que a diferença entre os dois vocábulos latinos é sutil. O termo *ensino* tem origem no verbo *insignare*, que significa transmitir conhecimento; enquanto educação – que tem na raiz *educatio*, abarca uma visão mais integral do aprendizado, denotando um processo de desenvolvimento da capacidade física, intelectual e moral. Segundo o filósofo Kant, o "O homem só se torna homem pela educação" (em *Reflexions sur l'education*, 1987).

Os dois termos devem ser casados, para que se tenham resultados verdadeiramente positivos. É possível ensinar sem educar, mas é impossível educar sem ensinar.

Parte IV

Ensino no século XIX

Depois de três séculos de posse do Brasil pelos portugueses não se havia consolidado um sistema de educação que se pudesse aceitar como razoável ou até mesmo como paliativo para as necessidades do país no campo da instrução pública primária e secundária. Tudo que se fizera, até então, a esse respeito, atendia apenas a setores isolados – cidades e vilas espalhadas ao longo de nosso extenso território em sua faixa litorânea e, excepcionalmente, em localidades do interior das capitanias de Minas Gerais, São Paulo e Bahia. Quem não reclamasse, através das câmaras municipais, nada obtinha.

As aulas de primeiras letras, de fraca estrutura e de medíocres resultados, estavam a cargo de mestres improvisados, sem programas racionalmente estabelecidos, com escassa fiscalização quanto à qualidade do ensino ministrado e do aproveitamento dos alunos.

Choviam as petições, em Lisboa, oriundas do Brasil, reclamando a criação de novas aulas régias, nem sempre atendidas, pois os recursos do *subsídio literário* não bastavam, em muitas capitanias, para atender sequer ao pagamento dos professores. Dependia-se da boa vontade de particulares para conseguir salas de aula, pois nem sempre as casas dos mestres – em geral utilizadas – ofereciam condições de abrigar o número de alunos que desejavam conseguir matrícula.

Os professores, além de malpagos, eram desconsiderados no seio da sociedade e seus melhores alunos corriam o risco permanente de serem recrutados à força para prestar serviço militar, sem tempo determinado de conclusão, o que levava ao desespero não só os rapazes como suas famílias.

Por outro lado, havia maior preocupação em ensinar Latim e até mesmo Grego e Retórica do que a língua portuguesa. A Matemática custou a integrar-se no currículo escolar. As ciências naturais contavam com a preferência de diminuto número de abnegados professores. O ensino superior concentrava-se na Universidade de Coimbra, para onde eram enviados os filhos de famílias que dispunham de recursos. De lá recebíamos uma legião de bacharéis em Direito e de diplomados em Ciências Canônicas, menos necessários ao país do que médicos, engenheiros (especialmente geólogos) e naturalistas.

No século XIX, graduaram-se na velha Universidade Portuguesa nada menos do que 818 estudantes brasileiros provenientes de diversas capitanias, especialmente as do Rio de Janeiro, Bahia, Pernambuco e São Paulo.

9.1 Difusão do ensino público

A difusão do ensino público no Brasil era bastante prejudicada pela preocupação mórbida dos ministros de Portugal em evitar a divulgação das ideias políticas francesas em nosso território.

Sucediam-se as recomendações aos governadores das capitanias e, nos portos, as bagagens dos viajantes recém-chegados da Europa passaram a ser cuidadosamente revistadas, separando-se os livros, para exame de seu conteúdo, e só depois do despacho liberatório a cargo do juiz da alfândega, eram restituídos a seus donos aqueles cujos autores não fizessem parte do rol dos escritores rigorosamente visados pela censura régia.

Até mesmo José Bonifácio de Andrada e Silva, ao regressar, em 1819, ao nosso país, teve seus caixotes de livros apreendidos para exame. Protestou energicamente contra esse ato, pois os referidos caixotes levavam o carimbo real que lhes concedia dispensa de vistoria. O Museu Histórico Nacional, do Rio de Janeiro, guarda em seu arquivo a documentação a respeito desse incidente.

Coincide com o início do século XIX a sensibilização de parte da burguesia colonial no Brasil quanto a questões de natureza política. Em alguns pontos do país, homens educados na Europa ou de instrução apurada adquirida aqui mesmo começam a levantar sérias críticas ao sistema português de colonização, com seu severo controle militar, censura a todos os precários meios de comunicação da época, repressão a todas as tentativas de estabelecimento de associações, mesmo aquelas que visavam a fins rigorosamente científicos.

Ainda estavam na lembrança dos ministros de Portugal a Conjuração Mineira, bem como as supostas maquinações da Sociedade Literária do Rio de Janeiro e o gravíssimo episódio da "conspiração dos alfaiates" na Bahia, este ocorrido nos derradeiros anos do século XVIII.

A maçonaria, já implantada e perseguida no reino, tinha seus reflexos em nosso país, e gerava um movimento repressivo tanto em Portugal como no Brasil.

Em Pernambuco teria funcionado um misterioso Areópago de Itambé, seguido, alguns anos depois, pelas academias no Cabo; Paraíso, no Recife, e uma terceira em Igaraçu. Para Hélio Viana, "seriam, antes, centros de estudos, informativos e doutrinários, ainda sem caráter rigorosamente maçônico".

Na Europa, Napoleão, empenhado em destruir o poderio inglês, impunha a Portugal – cujo comércio com a Inglaterra era vital para a sobrevivência econômica do Reino – pesadas contribuições em ouro e diamantes enviados a Paris, para ajudar a fazer frente às despesas de guerra do Consulado e, a partir de 1804, do Império Francês.

No Rio de Janeiro, os vice-reis receberam instruções no sentido de arrecadar, de qualquer forma, contribuições pecuniárias destinadas a aliviar os pesados encargos a que estava sujeito o Reino de Portugal.

As ordens terceiras, possuidoras em geral de sólido patrimônio imobiliário, foram intimadas a vender suas propriedades e, com o produto da operação, "emprestarem" ao Tesouro português o dinheiro apurado, que lhes renderia uma pequena taxa de juros. Conseguiram salvar seus bens de raiz, oferecendo vultosas quantias recolhidas entre os irmãos, o que lhes permitiu poupar os imóveis, única fonte de receita firme que possuíam.

Em janeiro de 1808, escapando da invasão de Portugal pelas tropas francesas comandadas pelo General Andoche Junot, arribou à Bahia uma parte da frota portuguesa que, comboiada por uma divisão naval inglesa, conduzia a bordo de um dos navios o príncipe-regente Dom João.

Já despachando na cidade do Salvador, foi assinada pelo filho da rainha Dona Maria I a Carta de Lei de 28 de janeiro de 1808 que abriu os portos do Brasil "a todas as Nações Amigas".

No dia 7 de março juntavam-se na baía de Guanabara as duas partes da frota portuguesa e procedia-se, no dia seguinte, ao desembarque da família real, que se instalou em vários prédios da cidade, reservados às pressas pelo diligente vice-rei, Conde dos Arcos.

Nenhum acontecimento na época poderia ter sido mais propício para o progresso do Brasil, em todos os sentidos, do que o estabelecimento da sede da monarquia portuguesa na cidade do Rio de Janeiro. Toda a complicada aparelhagem de natureza burocrática, administrativa e judicial teve de ser instalada imediatamente e colocada em funcionamento, já que as comunicações com o Reino estavam provisoriamente interrompidas.

O setor cultural também seria extraordinariamente beneficiado através da criação de várias instituições destinadas a dar continuidade às que existiam em Portugal.

9.2 Ensino jurídico

A institucionalização do Império iria exigir a imediata convocação de magistrados para ocupar os cargos do poder judiciário, até então na dependência dos bacharéis formados – em sua quase totalidade – pela Universidade de Coimbra, cujo número diminuíra sensivelmente desde a transferência da família real portuguesa para o Brasil. A guerra contra Portugal impedia, por sua vez, o regresso dos estudantes brasileiros que concluíam seus cursos na velha Universidade Portuguesa.

Ao elaborar-se a Constituição, em 1823, foi aprovada uma resolução no sentido de que a criação de uma universidade no Brasil deveria ser precedida pela fundação de pelo menos dois cursos jurídicos, a fim de sanar as dificuldades oriundas da falta de bacharéis para ocupar os lugares onde houvesse maior carência de juízes e advogados.

Em 1826, instalou-se, finalmente, o Poder Legislativo no Império do Brasil. Não tardou a ser apresentado o projeto de criação de cursos jurídicos em nosso país. Voltou-se à discussão sobre os locais mais apropriados para sua instalação. De modo geral, as opiniões se dividiam entre o Rio de Janeiro, São Paulo, Bahia, Pernambuco (Olinda) e Maranhão.

A lei de 11 de agosto de 1827 deu a palavra final sobre o assunto. Estabelecia o art. 1º: "Criar-se-ão dois cursos de Ciências Jurídicas e Sociais, um na cidade de São Paulo e outro na de Olinda, e neles, no espaço de cinco anos, e em nove cadeiras, se ensinarão as seguintes matérias [...]".

No ano seguinte, iniciava-se o funcionamento dos cursos jurídicos, primeiro em São Paulo e, logo a seguir, em Olinda.

9.3 Ensino profissionalizante

Desde 1825, vinha-se tratando da fundação da Sociedade Auxiliadora da Indústria Nacional, instalada em 19 de outubro de 1827, cuja primeira sessão realizou-se no Rio de Janeiro em 28 de fevereiro de 1828, sob a presidência do Visconde de Alcântara. Essa instituição desempenhou importante papel durante o período imperial, subsidiando estudos relacionados com o ensino profissional, editando uma revista – O *Auxiliador da Indústria Nacional* –, e, por sua iniciativa, seria fundado (proposta de 18 de agosto de 1838) o Instituto Histórico e Geográfico Brasileiro, cuja instalação se deu no dia 21 de outubro de 1838. Em 1904, a Sociedade Auxiliadora passou a denominar-se Centro Industrial do Brasil, designação que conservou até 1931, quando alterou o nome para Federação Industrial do Rio de Janeiro e, finalmente, de 1941 até nossos dias, Centro Industrial do Rio de Janeiro.

Em junho de 1829, fundou-se, no Rio de Janeiro, a Sociedade de Medicina, futura Academia Imperial de Medicina (decreto de 8 de maio de 1835), uma das mais antigas instituições culturais do Brasil, hoje denominada Academia Nacional de Medicina. Dom Pedro I assinou decreto, aprovando seu funcionamento, em 15 de janeiro de 1830 e sua instalação ocorreu em 24 de abril, desse mesmo ano.

Em 10 de abril de 1830, aprovou o imperador o estabelecimento de "escolas normais", a cargo da Sociedade Auxiliadora da Indústria Nacional. Não se tratava, contudo, do trabalho de preparação de professores destinados a lecionar primeiras letras. Cuidava-se, apenas, de ministrar cursos especiais destinados aos que labutavam na indústria, na lavoura e no comércio. Conforme especificavam suas normas: "Os agricultores e artistas do Brasil poderiam receber uma regular e metódica instrução, para se aperfeiçoarem nos ramos a que se aplicam, sendo as ditas escolas dirigidas gratuitamente por sócios efetivos".

9.4 Ensino rural

Muito complexo no Brasil, pela vastidão do território nacional e a constante insuficiência de recursos financeiros, apresenta-se, desde o início, o problema da educação rural.

Nos tempos coloniais, as fazendas e os pequenos vilarejos não dispunham de estabelecimentos de ensino, e só em caráter excepcional eram encontrados em alguns locais professores de primeiras letras. Mal preparados, reuniram em suas casas pequenos grupos de crianças dispostas a aprenderem a ler, escrever e contar. Fora disso, só os padres, principalmente os jesuítas, mantinham, como já foi visto, sobretudo em aldeias indígenas, cursos destinados aos meninos silvícolas, alguns dos quais frequentados também pelos filhos de colonos, fazendeiros ou assalariados estabelecidos nas vizinhanças.

A educação rural começou a ser tratada com mais seriedade na fase imperial, especialmente durante o Segundo Reinado, e nos primórdios do regime republicano.

No Segundo Reinado cunhou-se a famosa expressão "O Brasil é um país essencialmente agrícola". A frase correspondia, de fato, à realidade econômica, pois o café, o algodão, o fumo e o açúcar constituíam os esteios de nossas exportações, surgindo, nas últimas décadas do século XIX, a borracha (também de origem vegetal), para completar a relação dos produtos de maior importância no balanço dos pagamentos externos.

O que marca o império e a república são tentativas isoladas de promover a educação rural, tais como o da criação de uma escola de agricultura na Fazenda Nacional da Lagoa Rodrigo de Freitas, em 1838, iniciativa de Bernardo Pereira de Vasconcelos, destinada a "aperfeiçoar a agricultura no país".

Na Bahia foi fundado, em 1859, o Instituto Baiano de Agricultura, durante a viagem do imperador Dom Pedro II àquela província. Ainda pela presença do monarca surgiram, na ocasião, o Imperial Instituto Pernambucano de Agricultura (1859), o Imperial Instituto Sergipano de Agricultura (1860), o Imperial Instituto Fluminense de Agricultura (1860) e o Imperial Instituto Rio-grandense de Agricultura (1861).

Segundo Artur Torres Filho, em seu livro *O ensino agrícola no Brasil*, a Escola Agrícola de São Bento das Lajes é o mais antigo estabelecimento do gênero fundado em nosso país. Foi sediada, em 1863, no Engenho da Laje, por escolha da direção do Imperial Instituto Baiano de Agricultura. Ao escrever sobre ela, Artur Torres assim se pronunciou: "A não ser a Escola Agrícola de São Bento das Lajes, que se deve à iniciativa do Instituto Baiano de Agricultura, fracassaram, durante o Segundo Império, todas as tentativas pela criação e divulgação do ensino agrícola no Brasil".

Contudo, cumpre abrir exceção para a Imperial Estação Agronômica de Campinas, criada pelo governo imperial em 1887. Após a Proclamação da República, foi transformada em Instituto Agronômico do Estado de São Paulo. Atualmente, o Instituto Agronômico faz parte da Universidade de São Paulo, gozando de grande prestígio.

Deve-se, ainda, fazer menção ao Instituto Agrícola e Veterinário, fundado em 1888, na cidade rio-grandense de Pelotas e que mais tarde passaria a denominar-se Escola de Agronomia e Veterinária.

Em meio a essas observações é preciso notar, ainda que pareça hoje bastante estranho, o fato de que, na composição dos ministérios, a partir da Independência, não havia uma pasta dedicada à agricultura, o que só veio a acontecer por força da Lei n. 1.067, de 28 de julho de 1860, votada pela assembleia geral. O novo ministério, com o título de Agricultura, Comércio e Obras Públicas, foi instalado em 11 de março do ano seguinte, no Gabinete presidido pelo Marquês de Caxias, sendo seu primeiro titular o oficial de Marinha Joaquim José Inácio, futuro Visconde de Inhaúma.

9.5 Formação do magistério

Examinando-se os relatórios dos ministros do Império, na metade do século XIX, pode-se observar que, fora do Rio de Janeiro, o ensino primário e secundário, que competia às províncias, deixava, em geral, muito a desejar. As informações dos próprios presidentes das províncias são, em geral, bastante desalentadoras, com a habitual queixa da falta de recursos para a abertura ou manutenção de escolas e contratação de mestres. A par disso, a escassez de professores habilitados constituía também grave problema. Daí a preocupação generalizada de fundar escolas normais.

As tentativas pioneiras ocorreram em 1835, em Niterói, e em 1836, na Bahia, embora esta só fosse inaugurada cinco anos depois. No Ceará e em São Paulo a Escola

Normal foi fundada na década de 1840. Em Goiás, a criação data de 1858, mas ainda em 1871 a instalação não se dera. Minas Gerais contava, em 1872, com duas escolas normais – uma na cidade de Ouro Preto e outra na vila da Campanha.

Alguns anos mais tarde, seriam criados nessa província outros estabelecimentos do gênero em Diamantina, Paracatu e Montes Claros. No Rio Grande do Sul a instituição data de 1870 e, no Rio Grande do Norte, de 1874.

Caso especial que merece registro é o do Município da Corte. Em 1875, haviam sido criadas duas escolas normais primárias – uma para professores e outra para professoras. Tratou-se, de imediato, de construir um prédio apropriado para a instalação desses dois estabelecimentos. Já iniciadas as obras, foram elas suspensas no ano seguinte, durante alguns meses, por insuficiência de verbas. Daí resultou o adiamento até que, em 1880, foi criada uma escola normal, de natureza mista e com frequência livre.

Nela foram aproveitados os professores do Colégio Pedro II e do Instituto Comercial que estavam sem exercício "em consequência das últimas reformas". A direção do estabelecimento coube ao bacharel Benjamin Constant Botelho de Magalhães, que havia dirigido, também, o Imperial Instituto dos Meninos Cegos – que hoje leva seu nome.

Deveria ele ministrar na referida escola as aulas de Matemática Elementar e de Escrituração Mercantil. Carlos de Laet encarregou-se do ensino de Geografia e de História do Brasil. Como ainda não dispusesse de prédio próprio, a escola normal passou a ocupar, em caráter provisório, algumas dependências da Escola Politécnica. No primeiro ano de funcionamento matricularam-se 275 alunos, sendo 173 meninas e 102 meninos. Nesse mesmo ano, a Escola Normal de São Paulo se encontrava fechada por falta de verbas.

A disposição de se criar uma escola normal mista figurava no § 5º do art. 9º do Decreto n. 7.247, de 19 de abril de 1879, e havia sido alvo de severas críticas. Previa-se ainda que a cada escola normal estaria anexa, para os exercícios práticos de ensino, uma ou mais escolas primárias do município, gênese do que hoje representam os colégios de aplicação.

9.6 Criação da universidade

A ideia de estabelecer universidades no Brasil, que surgira, pela primeira vez, na Inconfidência Mineira de 1789, e, depois da Independência, tornara a ser objeto de debates na Assembleia Constituinte de 1823, continuou a se manifestar, durante o Segundo Reinado, através de vários projetos até chegar ao de 1881, patrocinado pelo Barão Homem de Melo.

Contra a ideia, os positivistas iniciaram na imprensa violenta campanha, através de artigos publicados por Teixeira Mendes, que contava com o apoio de Miguel Lemos, defensor do positivismo no Brasil.

No prefácio ao livro *A universidade – Coletânea dos artigos*, de Teixeira Mendes, assim se pronunciou Miguel Lemos:

> Tudo parece encaminhar-se para tornar efetivo o extravagante projeto de criação de uma universidade no Brasil. Esta

tentativa absurda, que só poderia gerar como resultado a sistematização de nossa pedantocracia e o atrofiamento do desenvolvimento científico, que deve assentar em um regime de completa liberdade espiritual, bastaria por si só para demonstrar a incapacidade política de nossos governos... Apelamos para o Imperador, em primeiro lugar, pedindo em nome dos interesses mais vitais da nossa pátria, e de sua própria glória, que recuse o seu concurso à realização de tão monstruoso projeto.

A primeira universidade só viria a ser instalada em 1912, já no regime republicano, com a criação da Universidade do Paraná, à qual se seguiria, oito anos mais tarde, a do Rio de Janeiro, instituída durante o governo do Presidente Epitácio Pessoa.

9.7 Ensino universitário

Na América Espanhola, o ensino universitário foi instituído em algumas cidades ainda durante o século XVI. No México, a universidade obteve carta provisória para funcionamento em 1551 e sua inauguração oficial ocorreu dois anos depois. Era ela composta por três faculdades, que passaram a gozar das mesmas prerrogativas e vantagens da Universidade de Salamanca. No Peru, ainda no mesmo século, instalou-se a Universidade de São Marcos, nas dependências do Mosteiro de São Domingos, na cidade de Lima. Bogotá, na Colômbia, e Quito, no Equador, contaram com esses institutos de ensino superior, em 1622 e 1640, respectivamente. Quanto às colônias inglesas da América do Norte, data de 1636 a fundação da Universidade de Harvard.

A ideia do estabelecimento de uma universidade no Brasil foi levantada, como já se viu, pela primeira vez, nas conversas mantidas pelos inconfidentes de Minas Gerais, em 1788 e 1789. Teria ela por sede Vila Rica (Ouro Preto), que perderia para São João Del-Rei a condição de capital da futura república.

Na Constituinte de 1823, voltou-se a cogitar seriamente o assunto, sem qualquer resultado prático, em virtude da dissolução da Assembleia, determinada pelo imperador Dom Pedro I, em novembro daquele ano. A proposta era de autoria do Deputado José Feliciano Fernandes Pinheiro, mais tarde agraciado com o título nobiliárquico de "Visconde de São Leopoldo".

Em 1874, já no Segundo Reinado, o Visconde de Goiana apresentou novo projeto, sem maiores consequências. Seguiram-se outras propostas no mesmo sentido, em 1870, em 1881 e em 1883, além da menção ao assunto expressamente feita pelo imperador Dom Pedro II em sua derradeira *fala do trono*, em 1889.

Com a república, a influência dos positivistas, que já haviam combatido tenazmente o projeto de 1881, contribuiu para protelar a discussão da matéria, não obstante os projetos levados à Câmara, entre outros, por Pedro Américo de Figueiredo (1892), Paulino José Soares de Sousa Jr. e Eduardo Ramos (1895), Azevedo Sodré e Gastão da Cunha (1903), Rodrigues Lima (1904) e, em 1908, Érico Coelho.

Em 1912, ocorreu a fundação, em Curitiba, da Universidade do Paraná, de existência efêmera, pois foi tornada sem efeito três anos mais tarde.

Na década de 1920, a tendência dominante na época era conferir ao Distrito Federal – sede dos poderes da república – a primazia na instalação definitiva de uma universidade no Brasil. Na cidade do Rio de Janeiro, já funcionavam a Faculdade de Medicina, a Escola Politécnica, bem como a Faculdade Livre de Direito e a Faculdade de Ciências Jurídicas e Sociais. A elas, bem como à criação de uma universidade no Rio de Janeiro, já se fazia referência na Reforma Carlos Maximiliano (art. 6º do Decreto n. 11.530, de 18 de março de 1915).

A providência inicial do governo, portanto, consistiu em promover a fusão das duas faculdades dedicadas ao ensino jurídico, o que se realizou com o Decreto n. 14.163, de 12 de maio de 1920.

Exercia a presidência da república o Dr. Epitácio Pessoa, que, quando ministro da Justiça, instituíra o Código das Instituições Oficiais do Ensino Superior e Secundário (1901).

Para completar a institucionalização da Universidade do Rio de Janeiro, foi aprovado, em 29 de março de 1921, o Regimento Interno do Conselho Universitário.

A poderosa influência exercida nessa época pela França em relação aos métodos de ensino adotados no Brasil pode ser avaliada, entre outros exemplos, pela criação, em janeiro de 1923, do Instituto Franco-brasileiro de Alta Cultura, instituído oficialmente sob o patrocínio da Universidade do Rio de Janeiro.

A Universidade do Rio de Janeiro não chegou a funcionar efetivamente e foi reorganizada pela Lei n. 452, de 5 de julho de 1937, que lhe atribuiu a denominação de Universidade do Brasil. Hoje, constitui ela a Universidade Federal do Estado do Rio de Janeiro (UFRJ).

Distrito Federal

Deve-se registrar que, em 1935, por inspiração de Anísio Teixeira, nasceu a Universidade do Distrito Federal (UDF), embrião do que hoje é a Universidade do Estado do Rio de Janeiro (Uerj).

A história da Universidade do Estado do Rio de Janeiro (Uerj) teve início em 4 de dezembro de 1950, com a promulgação da Lei municipal n. 547, que cria a nova Universidade do Distrito Federal (UDF). Foi uma decisão administrativa do então prefeito Ângelo Mendes de Morais. Diferente da instituição homônima, fundada em 1935 e extinta em 1939, a nova universidade ganhou força e tornou-se uma referência em ensino superior, pesquisa e extensão na Região Sudeste.

Nesse trajeto, a instituição viu seu nome mudar, acompanhando as transformações políticas que ocorriam. Em 1958, a UDF foi rebatizada como Universidade do Rio de Janeiro (URJ). Em 1961, após a transferência do Distrito Federal para a recém-inaugurada Brasília, a URJ passou a se chamar Universidade do Estado da Guanabara (UEG). Finalmente, em 1975, ganhou o nome definitivo de Universidade do Estado do Rio de Janeiro.

Criada a partir da fusão da Faculdade de Ciências Econômicas do Rio de Janeiro, da Faculdade de Direito do Rio de Janeiro, da Faculdade de Filosofia do Instituto La-Fayette e da Faculdade de Ciências Médicas, a universidade cresceu, incorporando e criando novas unidades com o passar dos anos. Às faculdades fundadoras uniram-se instituições como a Escola Superior de Desenho Industrial (Esdi), o Hospital-geral Pedro Ernesto (Hupe), a Escola de Enfermagem Raquel Haddock Lobo, entre outras. Além disso, novas unidades foram criadas para atender às demandas da universidade e da comunidade, como o Colégio de Aplicação (CAp) e a Editora da Uerj (Eduerj), entre outros. Em quase um século de história, a universidade cresceu em tamanho, estrutura e importância nos cenários regional e nacional.

10.1 Anísio Teixeira e a Universidade do Distrito Federal (UDF)

Anísio Spínola Teixeira nasceu em 12 de julho de 1900, em Caetité, na Bahia. Filho de fazendeiro, estudou em colégios de jesuítas, no seu estado natal, e cursou Direito, no Rio de Janeiro. Diplomou-se em 1922 e em 1924 já era inspetor-geral do Ensino na Bahia.

Viajando pela Europa em 1925, observou os sistemas de ensino da Espanha, Bélgica, Itália e França e com o mesmo objetivo fez duas viagens aos Estados Unidos (entre 1927 e 1929).

De volta ao Brasil, foi nomeado diretor de Instrução Pública do Rio de Janeiro, onde criou (entre 1931 e 1935) uma rede municipal de ensino que ia da escola primária à universidade.

Perseguido pela ditadura Vargas, demitiu-se do cargo em 1936 e regressou à Bahia – onde assumiu a Pasta da Educação, em 1947. Sua atuação à frente do Instituto Nacional de Estudos Pedagógicos, a partir de 1952, valorizando a pesquisa educacional no país, chegou a ser considerada tão significativa quanto a Semana da Arte Moderna ou a fundação da Universidade de São Paulo.

Com a instauração do governo militar em 1964, deixou o instituto – que hoje leva seu nome – e foi lecionar em universidades americanas, de onde voltou em 1965 para continuar atuando como membro do Conselho Federal de Educação.

Considerado o principal idealizador das grandes mudanças que marcaram a educação brasileira no século XX, o educador baiano foi pioneiro na implantação de escolas públicas de todos os níveis, que refletiam seu objetivo de oferecer educação gratuita para todos.

Como teórico da educação, não se preocupava apenas em defender suas ideias. Muitas delas eram inspiradas na filosofia de John Dewey (1852-1952), de quem foi aluno ao fazer um curso de pós-graduação nos Estados Unidos. Dewey considerava a educação uma constante reconstrução da experiência. A marca do educador brasileiro foi uma atitude de inquietação permanente diante dos fatos, considerando a verdade não como algo definitivo, mas que se busca continuamente.

Embora tenha sido discípulo do norte-americano, Teixeira não deixou de ser acusado de esquerdista por alguns críticos da educação brasileira. Responsável por uma série de iniciativas de relevo, como a criação da Universidade de Brasília e, antes, a Universidade Federal do Rio de Janeiro, realizou obra notável à frente do Instituto Nacional de Estudos Pedagógicos.

Teixeira foi sempre fiel ao que dele dizia o acadêmico Jorge Amado:

> Anísio Teixeira era uma flama, uma labareda consumindo-se no amor ao Brasil. Realizou um trabalho ininterrupto para a construção de uma verdadeira nação feita de cultura, de liberdade, de fartura. Sua paixão maior foi a educação, um criador de civilização. Se possuímos um mestre de humanismo, esse mestre foi Anísio Teixeira.

Para Anísio Teixeira, as novas responsabilidades da escola eram "educar em vez de instruir; formar homens livres em vez de homens dóceis; preparar para um futuro incerto em vez de transmitir um passado claro; e ensinar a viver com mais inteligência, mais tolerância e mais felicidade". Para isso, seria preciso reformar a escola, começando por dar a ela uma nova visão da psicologia infantil.

O próprio ato de aprender, durante muito tempo, significou simples memorização. Depois, seu sentido passou a incluir a compreensão e a expressão do que fora ensinado, que deveria envolver algo mais: ganhar um modo de agir.

Para o pensador, não se aprendem apenas ideias ou fatos, mas também atitudes, ideais e senso crítico. A nova psicologia da aprendizagem obrigava a escola a se transformar num local onde se vive e não em um centro preparatório para a vida. Por tudo isso, na escola progressiva defendida por ele, as matérias escolares – Matemática, Ciências, Artes etc. – são trabalhadas dentro de uma atividade escolhida e projetada pelos alunos. Nesse tipo de escola, "estudo é o esforço para resolver um problema ou executar um projeto, e ensinar é guiar o aluno em uma atividade".

Quanto à disciplina, Anísio afirmava que o homem educado é aquele que sabe ir e vir com segurança, pensar com clareza, querer com firmeza e agir com tenacidade. Numa escola democrática, mestres e alunos devem trabalhar em liberdade, desenvolvendo a confiança mútua, e o professor deve incentivar o aluno a pensar e julgar por si mesmo: "Estamos passando de uma civilização baseada em uma autoridade externa para uma baseada na autoridade interna de cada um de nós", diz ele em seu livro *Pequena introdução à filosofia da educação*.

Em 1931, no Rio de Janeiro, Pedro Ernesto, então prefeito do Distrito Federal, o convidou para ser o diretor-geral de instrução pública do Distrito Federal, cargo já exercido por outros grandes educadores, como Afrânio Peixoto, Carneiro Leão e Fernando Azevedo.

Convidado pelo governador Otávio Mangabeira, exerceu, na Bahia, o cargo de Secretário de Educação, quando criou a famosa Escola Parque Carneiro Ribeiro, que projetou nacionalmente a Bahia, com os seus "ginásios de bairros" ou "secções". A Escola Parque, inaugurada em 1950, foi uma arrojada concepção pedagógica, melhorou a qualidade de ensino e ampliou o tempo de permanência da criança na escola.

A experiência correu o mundo. Lutou pela educação com liberdade, mas sem anarquia. Criticou a existência de professores leigos. Para ser eficiente, dizia Anísio, a escola pública para todos deve ser de tempo integral para professores e alunos, como a Escola Parque, em Salvador, que mais tarde inspirou os Centros Integrados de Educação Pública (Cieps) do Rio de Janeiro e as demais propostas de escolas de tempo integral que se sucederam. Cuidando desde a higiene e saúde da criança até sua preparação para a cidadania, essa escola é apontada como solução para a educação primária no livro *Educação não é privilégio*. Além de integral, pública, laica e obrigatória, ela deveria ser também municipalizada, para atender aos interesses de cada comunidade.

Para Anísio Teixeira, o ensino público deveria ser articulado numa rede até a universidade. Propôs ainda a criação de fundos financeiros para a educação, mas, mesmo com o atual Fundo de Manutenção e Desenvolvimento da Educação Básica e de Valorização dos Profissionais da Educação (Fundeb), os recursos são insuficientes para sustentar esse modelo de escola.

Em dezembro de 1961, participou de dois fatos notáveis: a criação da Universidade de Brasília e a aprovação da Lei de Diretrizes e Bases da Educação Nacional. Foi Reitor da Universidade de Brasília.

Segundo Gilberto Freyre, tornou-se um marco da vida universitária brasileira, sem compromissos de ordem partidária ou sequer de caráter político. No Distrito Federal, Anísio repetiu o êxito obtido na Bahia. Escreveu livros de grande repercussão, como o famoso *Educação para a democracia*.

Como estadista da educação, lutou pelas ideias liberais. Morreu de forma dramática, quando concorria a uma vaga na Academia Brasileira de Letras. Caiu no fosso do elevador da residência de Aurélio Buarque de Holanda, no Rio de Janeiro em março de 1971. Foi o fim de um grande pensador da educação brasileira.

A revolução do ensino

O Brasil tem um sistema de formação de professores que precisa de alterações profundas. Há, nas universidades brasileiras, um compromisso reduzido com a formação de docentes para a educação básica.

Em recente conferência realizada no país, o sociólogo português António Nóvoa, Reitor honorário da Universidade de Lisboa, defendeu a criação de um "lugar institucional" que assumisse a responsabilidade de formar professores. Nesse "lugar" deveria haver uma forte presença das escolas e dos professores, permitindo que os estudantes das licenciaturas se socializassem, desde o primeiro ano, adquirindo uma cultura profissional docente.

A formação continuada se faz, dentro da profissão, através de reflexões sobre a experiência e o trabalho docente, procurando as melhores soluções e caminhos para a educação dos alunos. Cursos, seminários e palestras têm as funções de convívio e contato com ideias e autores, mas não são satisfatórios como formação continuada. É preciso cooperação, reflexão e pesquisa constantes sobre o trabalho docente.

O filósofo francês Michel Serres (1930-2019), autor de mais de 60 livros publicados ao longo de 50 anos de trabalho, destaca a diferença, em língua francesa, entre educar (*éduquer*) e instruir (*instruire*). Instruir é dar a informação sobre um conhecimento. Trata-se de ciência, de transmissão de conhecimentos, como a matemática, a gramática etc. Obviamente, isso não é educar. Educar é formar uma pessoa, em seu sentido mais amplo. Em toda educação há a instrução, de alguma forma.

A palavra "pedagogia" veio da palavra grega *paideia*, que surgiu, justamente, no mesmo momento em que se inventou a escrita. A educação, em outros momentos, era feita através da palavra oral – alguém que cantava ou falava, e era preciso repetir o que se dizia. Desde o momento que se inventou a escrita, era possível reter, diante dos olhos, algum registro do que era ensinado. Logo, a pedagogia mudou, a partir daquele instante. Obviamente, a escola mudou completamente quando surgiu o livro.

Serres chama a atenção para a era digital como a terceira revolução na história da Humanidade. A primeira foi a escrita. A segunda, o livro. A terceira, o digital. É preciso estar atento, não somente aos novos lançamentos da parafernália tecnológica, mas, principalmente, às mudanças que o digital provoca na forma como as crianças pensam, como usam o cérebro, como acessam o conhecimento, como se relacionam e como se comunicam. Essas mudanças trazem uma verdadeira revolução na aprendizagem e, obviamente, na escola.

É essencial compreender a importância dessas transformações. O acesso à informação é hoje imediato, fácil e disponível a todo mundo pelas novas tecnologias. É possível que estejamos, pela primeira vez na história da escola, perante uma "revolução de baixo". Até hoje, as mudanças foram sempre pensadas a partir "de cima", pelos reformadores, pelos políticos, pelos pedagogos. Agora, a revolução se impõe "de baixo", pela forma como as crianças pensam e acessam o conhecimento. Elas estão nos obrigando a mudar as escolas e a própria educação.

Parte V

Filosofia da educação no Brasil

A história da filosofia da educação no Brasil iniciou no final do século XIX e início do século XX, com o intuito de ingressar o tema nas áreas de formação de professores, que seriam os propulsores de uma nova era na educação nacional.

Essa filosofia surgiu no Brasil com o objetivo de que os grandes educadores repensassem os caminhos já traçados para a educação nacional e explorassem outros novos.

Assim, a educação brasileira passou a se pautar em dois principais aspectos:

1) um modelo conservador e tradicional da educação, baseado em um ensino religioso e de transferência direta;

2) um modelo de educação moderno e liberal, que muito já se falava e praticava na Europa, com aspecto progressista e com o foco na formação do homem para a sua vida em sociedade.

É possível dizer que durante a Primeira República, o modelo tradicional e essencialista da educação predominou, até pensadores e filósofos, como Serrano, Paulo Freire e Cecília Meireles, passarem a modificar o movimento através da defesa da Escola Nova.

Mudanças

O término do século XIX e o início do seguinte assistiram a grandes mudanças. A tão falada *Belle Époque* só foi bela para alguns. Enquanto pacifistas e belicistas se defrontavam, as teorias anarquistas procuravam seu lugar ao sol. As estruturas políticas, que até então se apresentavam como sólidas e imutáveis, tornaram-se menos sólidas ou assumiram outras formas.

As instituições monárquicas desapareceram em quase todos os países que as mantinham e as democracias viram-se atingidas pelo fascismo e pelo comunismo. Nesse mesmo período ocorreram duas Grandes Guerras mundiais, mas, nada disso impediu que se caminhasse para o desenvolvimento científico e tecnológico e para uma grande expansão de ideias.

Não é de estranhar que idêntica perplexidade à percebida por Aristóteles preocupe aqueles que hoje se dedicam à educação. Em tempos de incertezas e dúvidas, como obter respostas definitivas? De qualquer modo que se considere o problema, a pergunta pertinente é "como educar para novos tempos?". O que se deve fazer?

A educação pode ser um instrumento poderoso, tanto de emancipação individual como de subserviência a sistemas de governo. Tanto é libertação como sujeição do indivíduo ao poder e às normas do Estado. No primeiro caso, torna o indivíduo reflexivo e crítico; no segundo, transforma-o em parte da massa. De um modo ou de outro, envolve considerações éticas, epistemológicas e metafísicas, que trataremos em seguida.

12.1 Reformas

A década de 1920 fora pródiga em reformas educacionais em vários estados da União, visando à implantação de novos sistemas e métodos de ensino, graças ao trabalho de alguns educadores familiarizados com as normas colocadas em prática nos países mais cultos da Europa e da América. Lourenço Filho, no Ceará, e, mais tarde, em São Paulo; Anísio Teixeira, na Bahia; Francisco Campos, em Minas Gerais; Carneiro Leão, no Distrito Federal e em Pernambuco; Fernando de Azevedo e Sampaio Dória, em São Paulo, são nomes que não podem deixar de ser citados no histórico desse movimento progressista empreendido durante a primeira fase do regime republicano no Brasil.

Jorge Nagle assim se referiu a esse período de reformulação do ensino em nosso país:

> Mais do que a União, os estados procedem à implantação ou reorganização da administração escolar, bem como ao uso de instrumentos de planejamento, como os recenseamentos escolares. Dá-se novo passo no sentido da ampliação da rede e da clientela escolares. A forma mais acabada do otimismo pedagógico só vai aparecer a partir de 1927, quando se processa a introdução sistemática das ideias da *Escola Nova*, simultaneamente com a sua aplicação nas escolas primárias e normais de vários estados. Nessa ocasião surge a disputa entre os modelos da "escola tradicional" e da "escola nova".

Para se ter uma ideia precisa da ação desenvolvida pelos homens incumbidos de reformar o ensino no Brasil, basta enumerar algumas denominações de capítulos do livro *Planejar e agir*, de Antônio Carneiro Leão, que exercera o cargo de diretor-geral da Instrução Pública no

Brasil: A União e sua missão educacional em nosso país; Renovação dos processos educativos e programas do ensino normal; Renovação dos programas primários, aspectos fundamentais da educação numa reorganização do ensino; Um processo educativo em experiência no Brasil.

Além da implantação de novos métodos de ensino, cumpre também mencionar a preocupação, nos estados e no Distrito Federal, a exemplo do que sucedera na cidade do Rio de Janeiro, na década de 1870, de instalar os estabelecimentos escolares em prédios amplos e confortáveis, em substituição às velhas casas de aluguel ou aos imóveis inadequados de propriedade do governo. Exemplo desse critério foi a construção, na capital do país, durante a administração do prefeito Antônio Prado Júnior (1926-1930), do imponente edifício da Escola Normal (Instituto de Educação)

Em diversos estados também foram construídas, na mesma época, sobretudo, a partir de 1925, escolas que até hoje dão testemunho do espírito renovador que animava os responsáveis pela educação em nosso país.

12.2 Educação do povo

A década de 1920 terminava sem que se resolvesse um grande problema: o da educação do povo. Em conferência proferida na Associação Brasileira de Educação, em 2 de julho de 1927, impressa nas oficinas do *Jornal do Commercio* e mandada distribuir em todas as escolas públicas, normais e institutos profissionais do Distrito Federal, por determinação do Conselho Municipal do Rio de Janeiro, Miguel Couto propunha:

I – A União levará o ensino primário e a higiene a todo o interior do Brasil.

II – É destinado exclusivamente ao ensino e à higiene o produto integral do imposto sobre a renda e o do imposto de consumo de bebidas alcoólicas.

III – É criado o Ministério da Educação, com dois departamentos: o do ensino e o da higiene.

Parágrafo único – Nunca, jamais, em tempo algum, sob nenhum pretexto será Ministro da Educação o Dr. Miguel Couto [...].

E afirmava:

[...] A educação do povo é o nosso primeiro problema nacional; primeiro, porque o mais urgente; primeiro, porque solve todos os outros; primeiro, porque resolvido, colocará o Brasil a par das nações cultas, dando-lhe proveitos e honrarias e lhe afiançando a prosperidade e a segurança; e, se assim se faz o primeiro, na verdade se tornará o único.

Em 24 de outubro de 1930, era deposto na cidade do Rio de Janeiro o presidente Washington Luís Pereira de Sousa. As funções do Executivo passaram a ser exercidas por uma Junta Governativa Militar até 3 de novembro seguinte, quando foi empossado na chefia do Governo Provisório o Dr. Getúlio Dorneles Vargas, presidente do Estado do Rio Grande do Sul. Prometera ele, em sua plataforma, entre outras medidas, zelar pelos problemas relacionados com a assistência aos trabalhadores e à educação nacional.

Dessa forma, para atender às questões da área do ensino decidiu o governo criar, em 14 de novembro de 1930, o Ministério dos Negócios da Educação e Saúde Pública. Seu primeiro titular foi o político mineiro Francisco Campos.

Na mesma data, tendo em vista a situação de anormalidade em que se encontrava o país desde a eclosão do movimento revolucionário, decidiu o chefe do governo autorizara promoção escolar por frequência, independente da prestação de exames, de todos os alunos matriculados nos institutos de ensino subordinados até então ao Ministério da Justiça e Negócios Interiores, sendo extensiva a medida aos estabelecimentos equiparados aos órgãos oficiais.

12.3 Pioneiros da educação nova

Fernando de Azevedo, Afrânio Peixoto, A. de Sampaio Dória, Anísio Spínola Teixeira, Manuel Bergströn Lourenço Filho, Roquette-Pinto, J.G. Frota Pessoa, Júlio de Mesquita Filho, Raul Briquet, Mário Casassanta, Carlos Delgado de Carvalho, Antônio Ferreira de Almeida Júnior, J.P. Fontenelle, Roldão Lopes de Barros, Noemy da Silveira, Hermes Lima, Atílio Vivacqua, Francisco Venâncio Filho, Paulo Maranhão, Cecília Meireles, Edgar Sussekind de Mendonça, Amanda Álvaro Alberto, Garcia de Resende, Nóbrega da Cunha, Pascoal Leme e Raul Gomes lançaram, em 1932, um manifesto que teve larga repercussão em todo o país e foi reproduzido na Revista Brasileira de Estudos Pedagógicos (1932). Esse grupo, que desde a década de 1920 lutava pela renovação do ensino no país, dirigia-se ao povo e ao governo, retomando o que já dissera Miguel Couto, em 1927 e assinalando mais uma vez que:

> Na hierarquia dos problemas nacionais, nenhum sobreleva em importância e gravidade ao da educação. Nem mesmo

os de caráter econômico lhe podem disputar a primazia nos planos de reconstrução nacional. Pois, se a evolução orgânica do sistema cultural de um país depende de suas condições econômicas, é impossível desenvolver as forças econômicas ou de produção, sem o preparo intensivo das forças culturais e o desenvolvimento das aptidões à invenção e à iniciativa que são os fatores fundamentais do acréscimo de riqueza de uma sociedade. No entanto, se depois de 43 anos de regime republicano, se der um balanço ao estado atual da educação pública no Brasil verificar-se-á que, dissociadas sempre as reformas econômicas e educacionais, que era indispensável entrelaçar e encadear, dirigindo-as no mesmo sentido, todos os nossos esforços, sem unidade de plano e sem espírito de continuidade, não lograram ainda criar um sistema de organização escolar à altura das necessidades modernas e das necessidades do país. Tudo fragmentário e desarticulado. A situação atual, criada pela sucessão periódica de reformas parciais e frequentemente arbitrárias, lançadas sem solidez econômica e sem uma visão global do problema, em todos os seus aspectos, nos deixa antes a impressão desoladora de construções isoladas, algumas já em ruína, outras abandonadas em seus alicerces, e as melhores ainda não em termos de serem despojadas de seus andaimes [...].

Seguia-se uma série de considerações sobre as diversas reformas de ensino aprovadas pelo governo em diferentes épocas. A distinção entre os "valores mutáveis e os valores permanentes" era salientada. Abordavam-se antigas e controvertidas questões como a da "laicidade, gratuidade, obrigatoriedade e coeducação". Desenvolviam-se considerações sobre o processo educativo, destacando o "conceito e os fundamentos da educação nova". Também se analisava "o conceito moderno da universidade e o problema universitário no Brasil". A formação de professores constituía uma das partes mais relevantes do manifesto.

Os primeiros frutos resultantes das ideias pregadas no manifesto surgiriam, logo a seguir, sobretudo nas reformas do ensino no Distrito Federal durante a administração de Pedro Ernesto Batista, que contou com o precioso auxílio de Anísio Teixeira e, em 1934 e 1935, na fundação das Universidades de São Paulo e do Distrito Federal, respectivamente.

12.4 O baiano Afrânio Peixoto

Médico legista, político, professor, crítico, ensaísta, romancista e historiador literário, Afrânio Júlio Peixoto nasceu em Lençóis, nas Lavras Diamantinas, na Bahia, em 17 de dezembro de 1876. Um dos signatários do *Manifesto dos pioneiros da educação nova* (publicado no dia 19 de março de 1932), foi professor universitário (nas faculdades de medicina e direito), higienista, deputado federal e reitor da Universidade do Brasil.

Transferiu-se para o Rio de Janeiro em 1900, já com um livro publicado: *Rosa mística*, prosa simbolista que revela a influência de D'Annunzio e Eugênio de Castro. Depois de longo intervalo, publicou, em 1911, *A esfinge*, seu primeiro romance, que obteve grande sucesso.

Criado no interior da Bahia, cujos cenários constituem a situação de muitos dos seus romances, sua formação intelectual se fez em Salvador, onde se diplomou em Medicina, em 1897, como aluno laureado. Sua tese inaugural, *Epilepsia e crime*, despertou grande interesse nos meios científicos do país e do exterior.

Em 1902, a chamado de Juliano Moreira, mudou-se para o Rio, onde foi inspetor de Saúde Pública (1902) e diretor do Hospital Nacional de Alienados (1904). Após concurso, foi nomeado professor de Medicina Legal da Faculdade de Medicina do Rio de Janeiro (1907) e assumiu os cargos de professor extraordinário da Faculdade de Medicina (1911); diretor da Escola Normal do Rio de Janeiro (1915); diretor da Instrução Pública do Distrito Federal (1916); deputado federal pela Bahia (1924-1930); professor de História da Educação do Instituto de Educação do Rio de Janeiro (1932). Reitor da Universidade do Distrito Federal, em 1935. Após 40 anos de relevantes serviços à formação das novas gerações de seu país, aposentou-se.

Dotado de personalidade fascinante, além de ser um primoroso conferencista, conquistava pessoas e auditórios pela palavra inteligente e encantadora. Como sucesso de crítica e prestígio popular, poucos escritores se igualaram na época a Afrânio Peixoto. Foi eleito para a Academia Brasileira de Letras em 7 de maio de 1910, na sucessão de Euclides da Cunha, sendo o terceiro ocupante da cadeira 7.

Em 1941, visitou a terra natal, Bahia, depois de 30 anos de ausência e publicou dois livros: *Breviário da Bahia* (1945) e *Livro de Horas* (1947).

Afrânio Peixoto procurou resumir sua biografia no intenso labor intelectual exercido na cátedra e nas centenas de obras que publicou em dois versos: "Estudou e escreveu, nada mais lhe aconteceu". Faleceu na cidade do Rio de Janeiro em 12 de janeiro de 1947.

12.5 Carneiro Leão e a reforma da educação

O educador e ensaísta pernambucano Antônio Carneiro Leão nasceu em Recife, no dia 2 de julho de 1887. Bacharel em Ciências Jurídicas e Sociais pela Faculdade de Direito do Recife em 1911, iniciou uma longa carreira no magistério universitário como professor de Filosofia de 1911 a 1914.

No Rio de Janeiro, para onde se transferiu, prosseguiu na área da educação, como professor e administrador. Foi diretor-geral da Instrução Pública (1922-1926); fundador da Escola Portugal e das 20 escolas com os nomes das 20 repúblicas americanas, entre 1923 e 1926, na capital fluminense.

Autor da reforma da educação no Estado de Pernambuco, em 1928, foi Secretário de Estado do Interior, Justiça e Educação do Estado de Pernambuco (1929-1930); diretor do Instituto de Pesquisas Educacionais da Prefeitura do Distrito Federal na administração Anísio Teixeira (1934) e criador e diretor do Centro Brasileiro de Pesquisas Pedagógicas da Universidade do Brasil.

No magistério universitário, foi professor de Administração Escolar e Educação Comparada na Faculdade Nacional de Filosofia; professor de Administração da Escola do Instituto de Educação do Distrito Federal; professor-visitante e conferencista em universidades dos Estados Unidos, França, Uruguai e Argentina e professor emérito da Faculdade de Filosofia da Universidade do Brasil.

Na imprensa, foi colaborador de jornais de Recife, Rio de Janeiro e São Paulo; fundador e diretor de *O Economista*, de 1920 a 1927; redator de "Autores e Livros", suplemento literário de *A Manhã* e colaborador de revistas especializadas em educação e sociologia, além de membro de várias instituições culturais.

Segundo ocupante da cadeira 14 da Academia Brasileira de Letras, foi eleito em 30 de novembro de 1944, na sucessão de Clóvis Beviláqua. Faleceu no Rio de Janeiro, em 31 de outubro de 1966.

12.6 Júlio de Mesquita e a Universidade de São Paulo (USP)

Jornalista, intelectual, educador e um dos criadores da USP, Júlio de Mesquita Filho nasceu em São Paulo, no dia 14 de fevereiro de 1892. Com a criação da Unesp, em 30 de janeiro de 1976, foi homenageado como patrono da Universidade Estadual Paulista Júlio de Mesquita Filho.

Seus primeiros estudos se deram na Europa. Voltou ao Brasil para cursar a Faculdade de Direito da Universidade de São Paulo, no Largo de São Francisco.

Estreou como jornalista na edição vespertina do "Estado" (conhecida como "Estadinho"), editada no período da Primeira Guerra Mundial. Afiliou-se, em 1917, à Liga Nacionalista, organização liderada por Frederico Steidel e Olavo Bilac. Tinha como objetivo a democratização dos costumes políticos do Brasil ainda oligárquico.

Tornou-se um dos mais jovens fundadores do Partido Democrático, em 1926, grupo formado por intelectuais e membros de uma nova elite urbana e liberal que combatia as práticas do velho Partido Republicano Paulista.

Sucedeu o pai, o jornalista Júlio de Mesquita, proprietário do jornal O Estado de São Paulo, em 1927. Engajou-se na candidatura de Getúlio Vargas, que apresentava um programa de reformas institucionais.

Derrotado Vargas, Mesquita Filho (conhecido como Seu Julinho) apoiou a Revolução de 1930. Não tardou em decepcionar-se com o descumprimento das promessas iniciais de Getúlio Vargas.

Organizou, dois anos depois, o movimento conhecido por Revolução Constitucionalista de 1932 que exigia do governo provisório o estabelecimento de uma nova carta ao país e o resgate das promessas perdidas de 1930.

Exilado pela primeira vez após a derrota da Revolução, Mesquita Filho voltou a São Paulo ainda a tempo de fundar, com seu cunhado Armando de Salles Oliveira, então interventor de São Paulo, a Universidade de São Paulo, vista pelo jornalista como essencial para a formação de uma nova elite política e cultural para o Brasil. A Faculdade de Filosofia, Ciências e Letras foi o início dessa bela história.

A partir do golpe do Estado Novo, em 1937, Júlio de Mesquita Filho foi preso 17 vezes e levado ao exílio pela ditadura. Morou em Paris, na França, a partir de novembro de 1938. Em seguida, foi para Buenos Aires, Argentina, ao perceber que uma guerra estava prestes a eclodir no continente europeu. Permaneceu na capital argentina até 1943, escrevendo para os jornais *La Nación* e *La Prensa*, e então retornou ao Brasil, onde foi imediatamente preso e confinado na fazenda da família em Louveira, interior de São Paulo.

O Estado de São Paulo foi expropriado da família em 1940. Somente em 1945, ante uma decisão do Supremo Tribunal Federal, foi devolvido a seus legítimos proprietários.

Nos anos da República Nova (1946-1964), Mesquita Filho liderou seu diário nas lutas contra Vargas e seus seguidores, perfilando-se, ainda que assumindo uma postura crítica, à União Democrática Nacional.

Em 1964 apoiou o golpe militar que derrubou João Goulart, mas rompeu com o "partido fardado" logo após a edição do Ato Institucional n. 2, de 1965. A partir desse momento, Mesquita e seu "Estado" passaram a uma crescente oposição ao regime dos generais.

Ao tomar conhecimento, em dezembro de 1968, que o presidente Costa e Silva editaria o Ato Institucional n. 5, que terminaria por sepultar as liberdades públicas no Brasil, Mesquita escreveu seu último editorial, "Instituições em Frangalhos". Na mesma noite, a edição do "Estado" foi apreendida pela Polícia Federal, sob a promessa de ser liberada se a direção do jornal retirasse o editorial. Mesquita recusou-se. Desgostoso com a censura imposta ao diário, deixou de redigir as "Notas e informações". Após submeter-se a uma cirurgia no aparelho gástrico, faleceu em julho de 1969, aos 77 anos, em São Paulo. Foi sucedido na direção do jornal por seu filho Júlio de Mesquita Neto.

Em 2009, o diplomata Roberto Salone lançou a primeira biografia do jornalista, *Irredutivelmente liberal – Política e cultura na trajetória de Júlio de Mesquita Filho*. Editado pela Albatroz, a obra tem apresentação do Jornalista Ruy Mesquita Filho, neto do biografado, e é prefaciado pelo ex--ministro das Relações Exteriores, o acadêmico Celso Lafer.

12.7 Fernando de Azevedo e a Escola Nova

Educador, professor, administrador, ensaísta e sociólogo, nascido em São Gonçalo do Sapucaí, MG, no dia 2 de abril de 1894, Fernando de Azevedo foi um dos expoentes do movimento da Escola Nova. Participou intensamente do processo de formação da universidade brasileira, em busca de uma educação de qualidade.

Estudou Letras clássicas, língua e literatura grega e latina e também poética e retórica. Depois de renunciar à vida religiosa, formou-se em Direito pela Faculdade de Direito de São Paulo e dedicou-se ao magistério.

Em 1926, passou a exercer o cargo de diretor-geral da Instrução Pública do Rio de Janeiro. Em 1930 participou da criação do Ministério da Educação – na época Ministério da Educação e Saúde. De 1927 a 1930 iniciou as primeiras reformas da educação brasileira, uma das mais radicais empreendidas até então.

Em 1931, organizou e dirigiu a Biblioteca Pedagógica Brasileira, da Companhia Editora Nacional, órgão em que permaneceu por mais de 15 anos.

Um dos redatores do *Manifesto dos pioneiros da educação nova*, lançado em 1932, para ele, educação era um direito do cidadão e um dever do Estado, por isso, lutou por uma educação igualitária, comum para a elite e para o povo.

A escola integral proposta pelo Manifesto era definida em oposição à escola chamada de tradicional:

> A educação nova, alargando sua finalidade para além dos limites das classes, assume, com uma feição mais humana, a sua verdadeira função social, preparando-se para formar a hierarquia democrática pela "hierarquia das capacidades", recrutadas em todos os grupos sociais, a que se abrem as mesmas oportunidades de educação. Ela tem, por objeto, organizar e desenvolver os meios de ação durável com o fim de dirigir o desenvolvimento natural e integral do ser humano em cada uma das etapas de seu crescimento, de acordo com uma certa concepção de mundo.

Quando a USP foi fundada, criou o Instituto de Educação, localizado na Praça da República, como uma de suas unidades, e pela primeira vez no Brasil passou a existir um ensino de formação de professores em **nível universitário**.

Em 1938, passou a dirigir o Instituto de Educação. Foi eleito presidente da VII Conferência Mundial de Educação, no Rio de Janeiro.

Em 1941 ocupou a cadeira de sociologia da Faculdade de Filosofia, Ciências e Letras na Universidade de São Paulo. Em 1942 assumiu a direção da faculdade.

Em 1947, foi nomeado Secretário de Educação e Cultura do Estado de São Paulo. Foi também presidente da Sociedade Brasileira de Sociologia e presidente da Associação Brasileira de Escritores (seção de São Paulo). Durante vários anos escreveu para o jornal O *Estado de S. Paulo*.

Em 1961 concebeu a primeira Lei de Diretrizes e Bases da Educação e, em 1968, promoveu uma ampla Reforma Universitária.

Em 1961, durante a ditadura militar, em defesa da educação, redigiu um Manifesto contra a prisão de professores da USP, entre eles Fernando Henrique Cardoso e Florestan Fernandes. Em 1967 foi eleito para a cadeira n. 14 da Academia Brasileira de Letras. Pertenceu também à Academia Paulista de Letras. Faleceu em São Paulo, no dia 18 de setembro de 1974.

12.8 A orientação educacional de Edgar Sussekind

Edgard Sussekind de Mendonça nasceu em 25 de agosto de 1896. Educador e um dos mais brilhantes homens públicos do Brasil, pertencia a uma família da elite intelectual brasileira. Era filho de Lúcio Mendonça, escritor, que ao lado de Machado de Assis foi um dos criadores da ABL, e de Anita Sussekind de Mendonça, pintora. Ainda jovem tornou-se defensor da memória de Euclides da Cunha e, juntamente com o irmão, Carlos Sussekind, criou o Grêmio Euclidiano no Colégio Pedro II, em 1911.

Casado com a Professora Armanda Álvaro Alberto, participou da criação da Associação Brasileira de Educação. É destacado como um dos mais importantes fundadores da Escola Proletária de Meriti, inaugurada em 13 de fevereiro de 1921, posteriormente denominada Escola Regional de Meriti. Os fundadores visavam constituir como uma experiência de escola moderna, laica, com foco nos princípios de educação popular e regionalismo, e com métodos ativos. Nela atuou como professor e como secretário.

Sua forte oposição ao ensino religioso nas escolas lhe rendeu muitas críticas, inclusive com agressão física, como a que ocorreu em 1934, no Congresso de Educação no Ceará. Defendeu a educação supletiva, tendo dela uma concepção crítica, inclusive quanto à denominação de "supletiva", por parecer que seria apenas um apêndice da educação que o indivíduo deveria receber. Também defendeu a extensão cultural no currículo escolar e o papel educativo dos museus.

Edgar e sua esposa Armanda foram presos em 1935, acusados pelo Estado Novo de Getúlio Vargas de serem comunistas. Mais tarde foram absolvidos por falta de provas. Lecionou no Curso Normal do Instituto de Educação (Rio de Janeiro), referência nacional para a formação de professores.

Traduziu para o português uma parte de *O mundo da criança*, coleção com mais de 4 mil páginas, um dos primeiros produtos editados no Brasil para crianças.

Teve grande contribuição para o ensino do desenho gráfico, produziu livros didáticos com foco no grafismo para crianças. Seu livro *Curso de desenho para o ensino secundário* foi publicado na Coleção Biblioteca Pedagógica Brasileira, dirigida por Fernando de Azevedo. Além de influenciar, por meio de suas publicações, no desenvolvimento do *design* gráfico no Brasil, sua atuação promoveu mudanças no ensino profissional do Desenho.

Com Roquete Pinto, em 1933, fundou a Rádio Sociedade do Rio de Janeiro. Foi professor da Escola Normal, da Escola Superior de Agronomia e Veterinária, e diretor das escolas Souza Aguiar e Álvaro Batista. Dedicou-se, também, ao Instituto Nacional de Cinema Educativo, onde desempenhou a função de chefe do Serviço de Orientação Educacional. Faleceu em 24 de fevereiro de 1958.

12.9 A revolucionária Amanda Álvaro Alberto

Atuante, revolucionária e incentivadora da cultura em geral, a Professora Armanda Álvaro Alberto, esposa de Edgar Sussekind de Mendonça, formou com ele um casal modelo de militância social em prol da educação.

Nascida no Rio de Janeiro, no dia 10 de junho de 1892, a educadora feminista lutou por uma nova forma de ensinar, mais livre e menos focada na disciplina. Ficou conhecida nacionalmente por disseminar o método educacional Montessori – criado pela médica e pedagoga italiana Maria Montessori –, que prevê a abolição das amarras comuns no ensino tradicional, como carteiras, quadro-negro e a divisão por matérias, além da introdução de aulas práticas e ao ar livre.

Foi signatária do Manifesto dos pioneiros da educação nova (1932), documento que, em pleno Estado Novo, propunha o ensino laico e misto para meninos e meninas.

Lutou pela fundação da Escola Proletária de Meriti, em Duque de Caxias, atendendo a uma comunidade rural carente. A história da Escola Proletária Meriti começou em 1921, com a chegada da Professora Armanda à estação de trem Meriti, então 8º Distrito de Nova Iguaçu e, mais tarde, município de Duque Caxias. O local era pobre, rural, na época, devastado pela malária. Armanda era moradora de Copacabana, de família rica, vinha da cidade de Angra dos Reis, onde já tinha implantado salas de aula ao ar livre para cerca de 50 crianças e adolescentes, filhos de pescadores. Suas aulas eram baseadas na realidade das crianças. Tratava a geografia do local, agricultura, arte, artesanato.

A Escola Proletária Meriti foi a primeira do Brasil e da América Latina que serviu a pioneira e conhecida: merenda escolar. No cardápio: angu e mate. Fubá e erva-mate eram alimentos doados com frequência pelos comerciantes da região, então essa combinação sempre estava na alimentação dos alunos. A expressão "mate com angu" foi dada em tom pejorativo e de forma jocosa pelo delegado Filinto Muller. Era ele quem monitorava a professora, no período da Ditadura Vargas. Perseguida, teve que retirar a palavra "proletária" por acharem vinculada ao comunismo. O espaço passou a chamar-se: Escola Regional Meriti.

Dona Armanda era acusada, por exemplo, de transformar a escola em um restaurante, mas argumentava: "Dá para aprender com fome? E com fome, dá para viver?"

A inovação demonstra a preocupação de Armanda com o bem-estar e a saúde das crianças. Mas a merenda não era a única novidade. Influenciada pelo Método Montessori e antecipando a chegada das teorias da Escola Nova no Brasil, a diretora procurou transformar o espaço num laboratório educacional. Os alunos ficavam na escola no horário integral e ajudavam no cultivo de hortas e criação de animais como o bicho-da-seda. Também foi ela quem criou a primeira Biblioteca de Caxias.

Na década de 1930, já presidente da Associação Brasileira de Educação (ABE) e integrante da Aliança Nacional Libertadora (ALN), Armanda militou na Liga Anticlerical do Rio de Janeiro, ao lado do marido, Edgar Sussekind de Mendonça.

Junto com Eugênia Álvaro Moreyra, fundou a União Feminina do Brasil (UFB), da qual foi a primeira presidente. À frente da UFB, defendeu a união entre "mulheres educadoras, intelectuais e trabalhadoras", e criticou outras associações feministas como "inócuas, ligadas a correntes partidárias explorando a angustiosa situação da mulher, pregando um estreito feminismo que consiste em cumular o homem em si e nele ver um 'inimigo' da mulher".

Tanto a UFB quanto a ANL eram alvo de perseguição por parte da Delegacia Especial de Segurança Política e Social (Desps) do Estado Novo. As duas organizações foram colocadas na ilegalidade pelo Decreto n. 229, de 1935.

Em outubro de 1936, foi presa como suspeita de ligação com o Partido Comunista do Brasil e de participação na Intentona Comunista de 1935. Permaneceu na prisão até junho de 1937, tendo como companheiras de cárcere Olga Benário Prestes e Maria Werneck de Castro, entre outras.

Durante a prisão, escrevia aos alunos e recebia cartas e cadernos dos mesmos. Em seu depoimento, negou que a UFB tivesse mantido qualquer ligação com o então Partido Comunista do Brasil (PCB). Julgada, foi absolvida, afastando-se das atividades políticas para se dedicar exclusivamente à sua obra pedagógica.

Depois de sair da prisão, Armanda procurou retomar as atividades na direção da Escola Regional. Em 1938, porém, as autoridades impediram a assembleia anual da Fundação Álvaro Alberto, que reunia os mantenedores da escola. A alternativa foi promover atividades na Biblioteca Euclydes da Cunha, como forma de mobilização da comunidade.

Após a redemocratização do país, foi, aos poucos, retomando as atividades públicas, colaborando com manifestos e reivindicações.

Em 1949, representou a Associação Brasileira de Educação na organização do III Congresso Infanto-juvenil de Escritores. Na ocasião, dirigiu suas principais críticas às histórias em quadrinhos, que considerava "subliteratura" e nocivas à formação das crianças. Ao mesmo tempo, defendia a valorização de autores brasileiros, como Monteiro Lobato.

Em 1964, diante das dificuldades para manter a Escola Regional, tentou transferi-la para o governo estadual.

No entanto, não houve consenso para a manutenção da instituição nos moldes em que fora concebida, e a negociação foi encerrada. Após a morte de Armanda, a Escola Regional foi doada para o Instituto Central do Povo. Atualmente, é mantida em parceria com a prefeitura e tem o nome de Escola Municipal Dr. Álvaro Alberto.

Armanda morreu aos 81 anos, no Rio de Janeiro, no dia 5 de fevereiro de 1974.

12.9.1 O médico e antropólogo Roquette-Pinto

O médico e antropólogo Edgard Roquette-Pinto nasceu no Rio de Janeiro, então Capital do Império, no dia 25 de setembro de 1884. Filho do advogado Manuel Menélio Pinto Vieira de Melo e de Josefina Roquette Carneiro de Mendonça, foi criado pelo avô materno João Roquette Carneiro de Mendonça, com quem viveu até os 10 anos de idade na Fazenda Bela Fama, próximo a Juiz de Fora, no interior de Minas Gerais.

Seu nome de registro era Edgar Roquette Carneiro de Mendonça Pinto Vieira de Mello, mas o pouco contato com a família do pai o levou a alterá-lo para Edgard Roquette-Pinto, com um hífen, que ele fazia questão de destacar e dele não abria mão. Retornando a sua cidade natal, fez o Curso de Humanidades no Externato Aquino, no Rio de Janeiro, então Distrito Federal. Ingressou, em seguida, na Faculdade de Medicina da Universidade do Brasil, onde colou grau em 1905. Nesse mesmo ano, legalizou seu novo sobrenome e, depois, o estendeu aos seus descendentes.

No ano seguinte tornou-se, por concurso, professor assistente de Antropologia e Etnografia do Museu Nacional, na Quinta da Boa Vista, no Rio de Janeiro, de cuja cátedra Henrique Batista era o titular. Em setembro desse mesmo ano, iniciou uma série de estudos sobre os sambaquis das costas do Rio Grande do Sul, onde havia jazidas de conchas, ossos e utensílios do homem pré-histórico que habitou o litoral da América.

Em 1907, recebeu convite para participar da Missão Rondon, chefiada pelo então tenente-coronel Cândido Mariano da Silva Rondon, cujo objetivo era promover a integração do território brasileiro.

Escreveu seu primeiro trabalho acerca dos índios primitivos do nordeste brasileiro. Professor de História Natural na Escola Normal do Distrito Federal e professor de Fisiologia na Universidade Nacional do Paraguai, fundou a Rádio Sociedade do Rio de Janeiro, quando passou a ser conhecido como radiojornalista. Diretor do Museu Nacional, reuniu a maior coleção de filmes científicos do Brasil. Fundou a *Revista Nacional de Educação*, o Instituto Nacional do Cinema Educativo e o Serviço de Censura Cinematográfica.

Faleceu no Rio de Janeiro, em 18 de outubro de 1954. Roquette-Pinto foi membro do Instituto Histórico e Geográfico Brasileiro, da Academia Brasileira de Ciências, da Sociedade de Geografia, da Academia Nacional de Medicina e de inúmeras outras associações culturais, nacionais e estrangeiras.

12.9.2 A voz de Cecília Meirelles

Primeira voz feminina de grande expressão na literatura brasileira, com mais de 50 obras publicadas, a escritora, jornalista, professora e pintora Cecília Meireles é considerada uma das mais importantes poetisas do Brasil. Sua obra de caráter intimista possui forte influência da psicanálise com foco na temática social.

Cecília Benevides de Carvalho Meireles nasceu no Rio de Janeiro no dia 7 de novembro de 1901. Perdeu o pai poucos meses antes de seu nascimento e a mãe logo depois de completar 3 anos. Foi criada por sua avó materna, a portuguesa Jacinta Garcia Benevides.

Desde pequena recebeu uma educação religiosa e demonstrou grande interesse pela literatura, escrevendo poesias a partir dos 9 anos. Cursou o primário na Escola Estácio de Sá, onde recebeu das mãos de Olavo Bilac a medalha de ouro por ter feito o curso com louvor. Em 1917, formou-se professora na Escola Normal do Rio de Janeiro. Estudou música e línguas. Passou a exercer o magistério em escolas oficiais.

Em 1919, com apenas 18 anos, publicou sua primeira obra de caráter simbolista, *Espectros*. Com 21 anos, casou-se com o pintor português Fernando Correa Dias, que sofria de depressão e morreu em 1935.

Sua atuação na área da educação não ficou restrita às salas de aula. De 1930 a 1931, trabalhou como jornalista no *Diário de Notícias*, contribuindo com textos sobre os problemas da educação.

Em 1934, fundou a primeira Biblioteca Infantil do Brasil, no bairro de Botafogo, no Rio de Janeiro. O interesse pela educação se transformou em livros didáticos e poemas infantis. No mesmo ano, a convite do governo português, viajou para Portugal, onde proferiu conferências divulgando a literatura e o folclore brasileiros.

Entre 1936 e 1938, Cecília lecionou Literatura Luso-brasileira na Universidade Federal do Rio de Janeiro. Em 1938, o livro de poemas *Viagem* recebeu o Prêmio de Poesia, da Academia Brasileira de Letras. Em 1940 casou-se com o professor e engenheiro agrônomo Heitor Grilo, com quem teve três filhas.

Nesse mesmo ano, Cecília lecionou Literatura e Cultura Brasileira na Universidade do Texas. Proferiu conferências sobre Literatura Brasileira em Lisboa e Coimbra. Publicou em Lisboa o ensaio *Batuque, samba e macumba*, com ilustrações de sua autoria.

Em 1942 tornou-se sócia honorária do Real Gabinete Português de Leitura do Rio de Janeiro. Realizou várias viagens aos Estados Unidos, Europa, Ásia e África, fazendo conferências sobre literatura, educação e folclore.

Em 1953, foi agraciada com o título de Doutora *Honoris Causa* pela Universidade de Déli, na Índia.

Pelo trabalho realizado na literatura, recebeu diversos prêmios, dos quais se destacam: Prêmio de Poesia Olavo Bilac, Prêmio Jabuti e Prêmio Machado de Assis.

Além disso, realizou palestras e conferências sobre educação, literatura brasileira, teoria literária e folclore, em diversos países do mundo.

A escritora e professora morreu em sua cidade natal, dia 9 de novembro de 1964, com 63 anos, vítima de câncer. Ficou reconhecida mundialmente, com obras traduzidas para muitas línguas.

12.9.3 O legado de Noemy da Silveira

A educadora Noemy Marques da Silveira nasceu no dia 8 de agosto de 1902, em Santa Rosa do Viterbo, interior de São Paulo, e faleceu na capital paulista em 16 de dezembro de 1980. Assumiu o sobrenome Rudolfer ao casar-se com o engenheiro tcheco Bruno Rudolfer, em 1931. Foi aluna e colega de Lourenço Filho, que a convidou para vários cargos públicos.

Estudou na Escola Normal do Brás de 1914 a 1918. Formada, começou a lecionar como professora substituta e, em 1921, por concurso de provas e títulos, assumiu o cargo de professora primária adjunta no Grupo Escolar Prudente de Moraes, na capital paulista, lá permanecendo até 1927.

Entre 1927 e 1930, foi assistente de Lourenço Filho na área de psicologia e pedagogia na Escola Normal da Praça, e participou da aplicação dos Testes ABC, um dos trabalhos em que se envolveu diretamente.

Em 1928, viajou com um grupo de educadores aos Estados Unidos para estudar a educação daquele país. Retornou aos Estados Unidos, em 1930, para aprofundar seus conhecimentos em psicologia no *Teacher's College* da Universidade de Columbia, Nova York, frequentando aulas de Kilpatrick, Dewey, Thorndike, Gates e outros nomes célebres.

Em 1931, assumiu a coordenação do Serviço de Psicologia Aplicada, ligado à Diretoria-geral de Ensino de São Paulo e dirigido por Lourenço Filho. Com a substituição dele, Noemy pediu demissão.

Após a ida de Lourenço Filho para o Rio de Janeiro, a professora assumiu a Cadeira de Psicologia Educacional e, a partir do Código de Educação Paulista, de 1933, o Serviço de Psicologia Aplicada saiu das dependências do Departamento de Educação e passou a fazer parte do recém-criado Instituto de Educação.

Com a criação da Universidade de São Paulo (USP), em 1934, o Serviço de Psicologia Aplicada alterou sua denominação para Laboratório de Psicologia, permanecendo vinculado ao Instituto de Educação.

Em 1935, foi nomeada professora de Psicologia do Instituto Caetano de Campos, incorporado à Universidade de São Paulo, posteriormente integrado à Faculdade de Educação – Feusp, onde permaneceu até 1954, quando foi substituída por Arrigo Leonardo Angelini, seu assistente desde 1948.

Em 1938, defendeu sua tese de cátedra, *A evolução da psicologia educacional através de um histórico da psicologia moderna*. Presidiu o I Congresso Paulista de Psicologia, Neurologia, Psiquiatria, Endocrinologia, Medicina Legal e Criminologia, realizado em São Paulo, o primeiro do gênero no Brasil. Publicou a primeira edição do livro com o mesmo nome da tese.

Na década de 1950, aproximou-se da psicologia clínica e da psicanálise e publicou os artigos: "Os motivos profundos no desenho infantil"; "Psicologia profunda das manifestações artísticas" e "Critérios em uso na moderna psicologia".

Em 1960, lançou a segunda edição revista e ampliada do livro que passou a se chamar *Introdução à psicologia educacional*.

Em 1961, foi eleita para a primeira diretoria da Sociedade Paulista de Psicoterapia e Psicologia de Grupo. Dedicou-se à clínica psicanalítica até o ano de sua morte (1980), ocorrida em São Paulo no dia 16 de dezembro.

Uma política nacional de Educação

Durante um debate cultural promovido pelo Centro de Integração Empresa-Escola do Espírito Santo, no auditório da Rede Gazeta, em Vitória, muitas perguntas interessantes surgiram na plateia, ao longo da palestra *Aprendizagem para toda a vida* e o lançamento do livro *Nuvem da educação*, de minha autoria.

Às perguntas, tenho procurado responder através de meus artigos. Sobre o emprego do construtivismo nos sistemas estaduais de ensino, já demonstramos que há uma visão equivocada do uso das ideias de Jean Piaget em educação, em nosso país.

Outra questão foi sobre como podemos pensar numa população saudável e crítica, se nossas escolas e creches não têm condições mínimas de atender a essa demanda.

Um problema relevante é a qualidade da alfabetização, a partir dos primeiros anos do Ensino Fundamental. Hoje, é comum a criança chegar ao 4º ano sabendo escrever, mas não compreendendo adequadamente o que lê. Isso influi no conjunto dessa etapa essencial. Melhorar a formação dos professores é tarefa fundamental.

É preciso que haja uma grande convergência em relação ao conteúdo da Base Nacional Comum Curricular por parte dos estados e municípios. Estão previstos vários seminários estaduais para que a BNCC cumpra o requisito da pactuação interfederativa, que tem o objetivo de tentar igualar a qualidade de educação para todas as regiões brasileiras.

Na discussão em torno do assunto, devemos defender a ampliação inevitável da carga horária. É preciso caminhar na direção do tempo integral nas escolas, condição para que se tenha objetivamente a possibilidade de oferecer aos educandos a massa de informações que eles dispõem nas nações mais desenvolvidas do planeta, e das quais estamos há muito divorciados. Não adianta questionar somente o conteúdo da Base Nacional Comum Curricular. É preciso que se tenha uma carga horária generosa à disposição de alunos e professores.

Outro ponto lembrado foi que a qualidade da educação no país não vai ser garantida apenas com a criação da BNCC. É importante ressaltar que precisamos de um conjunto de ações, como carreira nacional do magistério e horário integral. Sem isso, é uma farsa a ideia de uma base curricular, se não dermos a infraestrutura necessária. As escolas são muito desiguais: o preparo dos professores é desigual, o salário é desigual, os equipamentos são desiguais. Existe uma série de ações de caráter operacional que precisam acontecer, simultaneamente, para que a nova Base saia do papel.

Diante de uma pertinente pergunta do auditório, respondo qual seria o incentivo para os estudantes de pedagogia: acreditem sempre na força da educação como elemento de renovação. Devemos cobrar das autoridades o que pode ser feito via Câmara dos Deputados ou Senado da República, para que exista uma Política Nacional de Educação, hoje inexistente.

Falou-se também do Enem, que considero uma experiência vitoriosa, sobretudo para o acesso ao Ensino Superior. A respeito do ensino técnico profissionalizante, preocupei-me com a pergunta de um professor, que afirmou que a rede estadual local não valorizava essa modalidade. No Rio há um forte movimento nesse sentido, defendendo-se a renovação da LDB (Lei n. 9.394/96), com ênfase na educação profissional, que apresenta boas perspectivas de emprego.

Houve ainda tempo para discutir a polêmica sobre a separação entre educação e cultura. Reproduzo a pergunta da estudante capixaba Érica Gusmão: "Educação e cultura caminham juntas, mas compreendo que o Ministério da Educação atende a um universo enorme. Ainda assim, poderia atender às demandas e ao vasto repertório e linguagens da cultura e suas leis de incentivo?"

Minha resposta vem da experiência pessoal. A educação é parte do processo cultural. Tive essa experiência vitoriosa no período de 79 a 83, como Secretário de Estado de Educação e Cultura do Rio de Janeiro. Todos ganharam com a existência da Seec. Mas entendo a separação dos Ministérios.

Parte VI

14
O Plano Nacional de Educação

A Constituição de 1934 estabeleceu que à União competiria "fixar o plano nacional de educação". Para dar cumprimento a essa determinação, a Lei n. 174, de 6 de janeiro de 1936, reorganizou o Conselho Nacional de Educação, que seria composto de 16 membros, nomeados pelo presidente da república. Sua função precípua seria a de agir como órgão colaborador do Poder Executivo, no preparo de anteprojetos de lei e sua aplicação na área de ensino. Também lhe era reservada a função de consultor dos poderes federal e estaduais em matéria de educação e cultura. Finalmente, lhe caberia elaborar o plano nacional de educação, para ser aprovado pelo Poder Legislativo.

O Ministério da Educação começou a tomar as providências cabíveis, através de um inquérito, em forma de questionário, no qual colaboraram os educadores Lourenço Filho, Paulo de Assis Ribeiro, José Eduardo da Fonseca, Júlio de Mesquita Filho, Almeida Júnior, Paul Arbousse Bastide, Hélène Antipoff, Benedita Valadares, Alda Lodi e Noemy Silveira.

As perguntas, num total de 213, estavam distribuídas em doze títulos:

1) Introdução;
2) Das instituições educativas;
3) Da administração da educação;
4) Do pessoal dos serviços de educação;
5) Do regime escolar;
6) Das edificações escolares;
7) Do material escolar;
8) Da assistência escolar;
9) Das associações auxiliares;
10) Do ensino religioso;
11) Dos recursos financeiros;
12) Questões diversas.

Vale observar, pelo menos, as que figuravam na parte I:

1) Como pode ser definido o Plano Nacional de Educação? Qual deve ser a sua compreensão? Deverá abranger somente as atividades escolares ou se estenderá a todas as atividades extraescolares de influência educativa?

2) Como se deve entender a educação ministrada pela família?

3) Em que limites deve ser a educação ministrada pelos poderes públicos?

4) Que limites deverá ter o plano nacional de educação, compreendido como um código de diretrizes da educação nacional?

5) Que duração periódica deverá ter o plano nacional de educação? É aconselhável a duração de dez anos, período suficiente para a sua aplicação integral e verificação de todos os seus resultados?

O inquérito foi encaminhado a diversas instituições culturais, bem como a uma série de especialistas em assuntos relacionados com educação e ensino.

De posse dos elementos colhidos, o Conselho Nacional de Educação elaborou o projeto do Plano Nacional de Educação, tarefa concluída, em 17 de maio de 1937. O Ministério da Educação providenciou seu encaminhamento ao Poder Legislativo. Estava em estudos na Comissão de Educação e Cultura da Câmara dos Deputados quando ocorreu o golpe de Estado, de 10 de novembro, que encerrou as atividades do Poder Legislativo e, dessa forma, o Plano Nacional de Educação ficou adiado.

14.1 A Constituição de 1946

O Brasil passara, em 1945, por momentos de grande expectativa com a deposição de Getúlio Vargas. A educação, amparada pela Constituição outorgada de 1937, que alterara toda a substância democrática contida na Constituição de 1934, vivia ainda a administração centralizada.

Com a volta da democracia, o Brasil adotou uma nova Constituição, fruto da Assembleia Nacional Constituinte, com ampla participação, e que entrou em vigor no dia 18 de setembro de 1946. A instrução pública fazia parte do Título VI, dedicado à família, à educação e à cultura. Desta data em diante, o Poder Legislativo, depois de quase dez anos do recesso, voltaria a exercer suas funções constitucionais, no pleno restabelecimento do sistema tradicional dos três poderes, uma das principais características da estrutura básica dos regimes republicanos.

Procurando devolver ao país as características de um regime democrático, a Carta Magna assinalava a competência da União para legislar sobre as diretrizes e bases da educação nacional. Esse artigo abriu caminho para a instalação da comissão encarregada de organizar o projeto de Lei de Diretrizes e Bases da Educação Nacional, em 29 de abril de 1947, designada pelo Ministro da Educação e Saúde, Clemente Mariani.

A comissão era assim constituída: Manuel Bergström Lourenço Filho (presidente), Pedro Calmon Moniz de Bittencourt (vice-presidente), Antônio Ferreira de Almeida Júnior, Cesário de Andrade, Mário Paulo de Brito, padre Leonel Franca, Levi Fernandes Carneiro, Alceu de Amoroso Lima, Artur Filho, Joaquim Faria Góis, Maria Junqueira Schmidt, Antônio Carneiro Leão, Mário Augusto Teixeira de Freitas, coronel Agrícola Bethlem e Celso Kelly. Colaboraram, também, Fernando de Azevedo e Anísio Teixeira.

No dia 28 de outubro de 1948, o ministro Clemente Mariani apresentou ao presidente da república, Eurico Gaspar Dutra, a Exposição de Motivos acompanhada do anteprojeto (88 artigos), para ser encaminhado ao Congresso Nacional. O projeto deveria traduzir unidade no objetivo e variedade nos métodos, descentralizando o sistema educacional, acabando com o falso princípio da uniformidade pedagógica, e criando o da equivalência pedagógica.

Além da questão de descentralização, muitos outros temas, como autonomia universitária, organização de currículos, flexibilidade e articulação de cursos, condições para o funcionamento dos estabelecimentos de ensino, atividades extracurriculares, ensino rural e ensino profissional, foram discutidos e incluídos no projeto, depois de receber apreciação de pais e professores, educadores e parlamentares. Foi aí que começou a chamada Guerra dos 13 Anos.

A Guerra dos 13 Anos

Tudo começou quando o Deputado Gustavo Capanema apresentou um parecer, no dia 14 de julho de 1949, totalmente desfavorável ao anteprojeto da Lei de Diretrizes e Bases encaminhado ao Congresso.

Seu colega Almeida Júnior discordou, afirmando que "um centralizador convicto e impenitente, como o Sr. Gustavo Capanema, dilata ao máximo, em superfície e profundidade, o domínio das diretrizes e bases e confia à 'organização do sistema' tão só a disciplina da administração".

Finalizando a discussão, Almeida Júnior afirmou que a preocupação maior de Capanema era fiscalizar, enquanto o anteprojeto se preocupava em educar. Esse foi apenas o início de uma longa discussão.

Em 1952, a Associação Brasileira de Educação elaborou um outro projeto, que foi anexado ao primeiro. A discussão se manteve até 1955. No mesmo ano, o Deputado Carlos Lacerda apresentou um substitutivo para estudos, que também foi incorporado ao anteprojeto.

Em 1957, o Ministro da Educação, Clóvis Salgado, solicitou a colaboração de quatro educadores (Pedro Calmon, Lourenço Filho, Anísio Teixeira e Almeida Júnior) para atualizar e, onde se tornasse necessário, modificar o projeto inicial.

No ano seguinte, Carlos Lacerda voltou à ofensiva com um outro substitutivo, que foi recusado. O deputado apresentaria ainda um outro, mais radical, em 1959, acirrando as discussões. Carlos Lacerda procurava, no seu texto, privilegiar a escola privada, em detrimento da escola pública, pois, segundo ele, "a escola educa por direito inerente à sua natureza e decorrente de sua mera existência como Instituição". Contra este dispositivo se insurgiram diversos educadores.

Fernando de Azevedo, Raul Bittencourt, Carneiro Leão, Faria Góis, Lourenço Filho, Almeida Júnior, Abgar Renault e Anísio Teixeira prepararam um substitutivo, apresentando algumas modificações ao anteprojeto apresentado em 1958. Com exceção de Raul Bittencourt e Abgar Renault, todos haviam participado da comissão que elaborou o anteprojeto inicial, em 1947. A essência do documento era uma posição contrária ao que estava explícito no dispositivo do deputado Carlos Lacerda.

Em virtude disso, surgiu a Campanha em Defesa da Escola Pública, que contava com educadores da velha geração, intelectuais, educadores da nova geração, estudantes e líderes sindicais. Eles apresentaram um substitutivo que, no seu conteúdo, continha muitas ideias do anteprojeto elaborado em 1947.

A Comissão de Educação e Cultura da Câmara nomeou uma subcomissão relatora para examinar os substitutivos, as emendas apresentadas e, por fim, elaborar um último anteprojeto. Composta por Aderbal Jurema,

Manuel de Almeida, Dirceu Cardoso, San Thiago Dantas, Paulo Freire, Carlos Lacerda e Lauro Cruz, a comissão elaborou um anteprojeto, que foi aprovado pela Comissão de Educação e Cultura e pela Câmara dos Deputados, em janeiro de 1960.

    O anteprojeto continha em seus artigos a essência do "privativismo" – ou seja, mantinha a linha do substitutivo de Carlos Lacerda – o que reacendeu as discussões em torno da questão escola pública *versus* escola privada. Com isso, veio à tona outra questão, que passou a dominar os debates entre parlamentares e educadores: ensino leigo/ensino religioso. O ensino religioso já fora responsável pelo aparecimento do *Manifesto dos pioneiros*, com vitória de ambos os lados.

    Em 1º de julho de 1959, saiu publicado um segundo *Manifesto dos educadores*, com o apoio do jornal *O Estado de S. Paulo* e do *Diário do Congresso Nacional*. Mais uma vez, Fernando de Azevedo redigiu o documento, que foi assinado por 189 personalidades.

    No dia 20 de dezembro de 1961, finalmente, o projeto foi transformado em lei.

16

A Lei de Diretrizes e Bases

Nunca um projeto de lei para educação foi tão debatido. Registraram-se diversos obstáculos, resultantes das divergências de concepção entre os adeptos da educação unitária e os defensores da educação descentralizada. No entanto, a lei não poderia ir contra os princípios da Constituição, centralizando onde ela descentralizou. A Constituição permitia que cada Estado desse aos serviços educacionais a organização que melhor se adaptasse às suas peculiaridades, "atendendo à variedade dos cursos, à flexibilidade dos currículos e à articulação dos diversos graus e ramos".

Buscou-se a expressão exata do sentido de cada uma das palavras. "Base", segundo Adolfo Coelho, e com ele outros dicionaristas, é o que sustenta o peso de um corpo com solidez. Em sentido figurado: fundamento, princípio, razão. Ou, em termos educacionais, as condições de preparo, de cultura e de habilitação.

"Diretriz" é a linha ao longo da qual se faz correr outra linha ou superfície. Em educação, diretrizes são as condições para o ideal de uma educação perfeita.

Após longa discussão em torno da Lei de Diretrizes e Bases, adotou-se uma atitude que valorizou a confiança no homem, deixando muita coisa a seu critério, seguindo um modelo do tipo americano, que apenas estabelece o que é básico e o que é diretriz, permanecendo a flexibilidade suficiente para a ação, de acordo com o momento e as necessidades locais. Tem o mesmo sentido daquelas providências adotadas na Inglaterra e que constituíram a "revolução social e silenciosa", devido à rápida transformação das formas de produção na indústria; ou, mais precisamente, à aplicação da grande tecnologia na produção (inclusive na agricultura), com inevitáveis reflexos no comércio, nos transportes, nas comunicações, assim como nos serviços públicos – todas essas atividades a requerer trabalhadores mais capacitados ou preparados por estudos ulteriores ao primário.

A discussão, no Brasil, movimentou centralizadores e descentralizadores. Anísio Teixeira chegou a escrever:

> A centralização, num país como o nosso, é uma congestão cerebral. Por isso, somos uma federação. Por isso, temos os municípios autônomos. Não é possível a federação política e o princípio da autonomia política dos municípios, sem equivalente autonomia dos seus serviços de educação. Uns acompanham os outros.

Muitos pensavam consistir a descentralização na transferência dos poderes federais aos estados, mas descentralização e autonomia são princípios complementares. Também os estados deveriam possuir legislação descentralizadora, exercendo sobre os municípios uma assistência viva e estimulante, muito bem consubstanciada nas palavras de Afrânio Coutinho:

> A descentralização corresponde à anulação dos privilégios com que aqueles donos da educação exercem o controle absoluto, dos seus gabinetes federais, sobre toda a vida educacional do país, ao arrepio da tradição federalista republicana e da tendência à valorização regional, que constitui a fonte de vida da nossa civilização.

O Professor Lourenço Filho, no entanto, observava que a Lei de Diretrizes e Bases não era boa apenas porque descentralizava os serviços do ensino.

A Lei de Diretrizes e Bases não só descentralizava, nem apenas centralizava. Fazia uma coisa e outra, em planos diversos – o territorial e o convencional. O planejamento em grandes serviços públicos implicava, sem dúvida, centralização, embora de forma branda e produtiva, pois fazia evoluir o federalismo original de base competitiva ("façam os estados o que quiserem e como puderem"), para as novas formas de um federalismo cooperativo ("ajudem-se a União e os estados entre si no cumprimento de deveres comuns, estabelecendo-se programas gerais e entendendo-se a respeito da redistribuição de recursos").

Muitos erros cometidos pela Lei de Diretrizes e Bases foram devidos à demora com que foi debatida no Congresso.

Os que defendiam a descentralização e autonomia estaduais do ensino não o faziam porque reputavam a direção estadual mais competente do que a direção federal, mas porque julgavam a direção federal demasiado distante do campo de ação e desprovida de modelos suficientemente variados para atender às condições locais.

A autoridade estadual pode ser menos competente, mas será sempre mais responsável, estando em condições de melhor atender aos reclamos da opinião e de poder ser mais eficazmente corrigida em face dos seus erros.

O que se via na prática? A absoluta dependência do poder central criou, nos estados, um sentimento pior do que o da irresponsabilidade, que é o da impotência. Perdido o incentivo, perdida a liberdade, o homem se faz um autômato.

O que se esperava, com o advento da Lei de Diretrizes e Bases (Lei n. 4.024/61), era melhor organização dos sistemas de ensino nos estados. Cada escola precisava ser um organismo experimental capaz de aprender a decidir seus problemas educacionais em consonância com o meio e não de acordo com um modelo único.

Segundo Afrânio Coutinho, a centralização administrativa acarretou a completa burocratização do ensino brasileiro: tudo era feito por leis e regulamentos, por formalismos burocráticos, bastando que fossem satisfeitos os requisitos regulamentares, mesmo que fraudadas as finalidades da educação.

A ideia da descentralização já vinha sendo preconizada e defendida havia muitos anos por figuras eminentes de todo o Brasil e encorajada pelo célebre Manifesto dos pioneiros da educação nova.

No plano geral, todos reclamavam das graves distorções existentes no sistema de ensino: as escolas primárias não atendiam às necessidades específicas da população; as escolas secundárias não respeitavam o princípio da igualdade de oportunidades para todos; as escolas agrícolas, comerciais e industriais eram em número insuficiente e sem características de integração à comunidade e ao empenho do seu desenvolvimento; a universidade ainda não se havia consolidado; faltava articulação entre os elementos do conjunto escolar, sem falar nas graves deficiências dos serviços escolares.

Voltando aos sistemas de ensino, que passaram a ser organizados pelos estados, a lei dedicou todo o título V para as suas aplicações. Infelizmente, a maioria dos estados preferia, ainda, a tutela cômoda do sistema federal.

"Sistema", segundo os dicionários, "é a coordenação das partes em um todo, doutrina que coordena noções particulares, conjunto orgânico de leis, e princípios. Ou, mais precisamente, subordinação de partes a um todo homogêneo".

A Constituição de 1946 queria que em cada unidade federativa existisse e funcionasse, consoante as exigências locais de educação e cultura, um adequado sistema de repartições e estabelecimentos de ensino, sob a gestão, o controle ou a assistência do respectivo governo. Era a consagração, a um tempo, de dois princípios básicos da administração do ensino: o da organização sistemática – isto é, da organização completa e metódica dos serviços escolares – e o da descentralização administrativa.

O sistema que, nos termos explícitos na Constituição de 1946, atingia todo o território nacional não era um elenco de princípios e regras educacionais, mas um sistema de serviços de ensino, com os seus institutos, as suas escolas, os seus técnicos e os seus recursos.

O Professor Newton Sucupira foi um dos entusiastas da Lei n. 4.024/61, na época em que foi sancionada. Segundo ele, um dos pontos básicos da filosofia que inspirava a Lei de Diretrizes e Bases consistia "no princípio da autonomia da escola; ou seja, o poder de se organizar e dirigir suas atividades segundo normas por ela própria elaboradas". Afirmava também que a Lei de Diretrizes e Bases talvez não correspondesse inteiramente às circunstâncias da evolução brasileira; estava longe de ser o instrumento ideal que poderia conceber. Mas apesar de todas as limitações, a nova lei representou progresso real para o desenvolvimento do nosso processo educativo e um passo decisivo na marcha para a implantação de uma educação nacional.

Pedagogia do Oprimido

Outra experiência importante no campo da alfabetização foi a que se desenvolveu em torno da Pedagogia do Oprimido, de Paulo Freire, buscando alfabetizar em apenas 40 horas.

Pelo Decreto n. 53.465, de 21 de janeiro de 1964, fora instituído o Programa Nacional de Alfabetização, patrocinado pelo Ministério da Educação e Cultura.

Do texto legal constava expressamente: "O Ministério da Educação e Cultura vem provando, através da Comissão de Cultura Popular, com vantagem, o Sistema Paulo Freire para alfabetização em tempo rápido". Daí a instituição oficial do programa, para cuja execução o Ministério da Educação e Cultura constituiria uma comissão e tomaria todas as providências necessárias.

O início da operação do programa seria em duas áreas do território nacional, escolhidas pelo Ministério. O art. 4º determinava que a comissão convocaria e utilizaria "a cooperação e os serviços de: agremiações estudantis e profissionais, associações esportivas, sociedades de bairro e municipalistas, entidades religiosas, organizações governamentais, civis e militares, associações patronais, empresas privadas, órgãos de difusão, o magistério e todos os setores mobilizáveis". Caberia ao Ministro da Educação expedir, "em tempo oportuno, portarias contendo o regulamento e instruções para funcionamento da comissão, bem como para desenvolvimento do programa".

Paulo Freire, autor do sistema, exercia, na época, o cargo de diretor do Departamento de Extensão Cultural da Universidade do Recife. Seu método tinha como ponto de partida:

> 1) Levantamento do universo vocabular dos grupos com que se trabalhará; 2) Escolha das palavras selecionadas do universo vocabular pesquisado; 3) Criação de situações existenciais típicas do grupo com quem se vai trabalhar; 4) Elaboração de fichas-roteiros que auxiliem os coordenadores de debates no seu trabalho e 5) Feitura de fichas com a decomposição das famílias fonêmicas correspondentes aos vocábulos geradores.

O autor, em seu livro *Educação e mudanças*, referindo-se às experiências realizadas no Nordeste, deu o seguinte testemunho:

> [...] entre um mês e meio e dois meses, com círculos de cultura funcionando de segunda a sexta-feira (cerca de uma hora e meia), deixávamos grupos de 25 a 30 homens lendo e escrevendo. Com nove meses de trabalho na frente do Programa Nacional de Alfabetização de Adultos, no Ministério da Educação e Cultura, conseguimos com nossa equipe da Universidade do Recife preparar quadros em quase todas as capitais brasileiras.

A campanha de alfabetização iniciara-se nos setores urbanos e deveria estender-se aos setores rurais.

Com a Revolução de 31 de março de 1964, o Professor Paulo Freire foi cassado e se transferiu para o exterior, onde continuou o seu trabalho e recebeu diversas honrarias.

Voltou ao Brasil com a anistia e passou a residir em São Paulo, prestando serviços de consultoria a organismos educacionais do Brasil e do exterior.

17.1 Paulo Freire, patrono da educação no Brasil

Inseridos num panorama de crise, comemorou-se, em 2021, o ano do centenário de nascimento do patrono da educação no Brasil, o educador Paulo Freire (1921-1997). Nada mais oportuno do que celebrar a data, vinculando a defesa do seu legado à conjuntura de luta por uma sociedade mais justa e igualitária, em busca da emancipação do diálogo e da conscientização dos direitos humanos.

Agraciado com cerca de 48 títulos, entre doutorados *honoris causa* e outras honrarias de universidades e organizações internacionais, Freire é considerado o brasileiro com mais títulos de doutorados *honoris causa*, sendo o escritor da terceira obra mais citada em trabalhos de ciências humanas do mundo: *Pedagogia do Oprimido*.

Nascido em Recife, no dia 19 de setembro de 1921, Paulo Reglus Neves Freire ganhou fama logo de início, com o programa de alfabetização de Angicos, no Rio Grande do Norte. É considerado um dos pensadores mais notáveis na história da pedagogia mundial, tendo influenciado o movimento chamado pedagogia crítica.

Sua família fazia parte da classe média, mas Paulo Freire vivenciou a pobreza e a fome na infância, durante a crise de 1929, uma experiência que o levaria a se preocupar com os mais pobres e o ajudaria a construir seu revolucionário método de alfabetização. Por seu empenho em ensinar aos mais pobres, tornou-se uma inspiração para gerações de professores, especialmente na América Latina e na África. O talento como escritor o ajudou a conquistar um amplo público de pedagogos, cientistas sociais, teólogos e militantes políticos.

Freire entrou para a Universidade do Recife em 1943, para cursar a Faculdade de Direito, mas também se dedicou aos estudos de filosofia da linguagem. Apesar disso, nunca exerceu a profissão, dedicando-se ao trabalho de professor, sua verdadeira vocação. Em 1944, casou-se com a colega de trabalho Elza Maia Costa de Oliveira, que morreu em 1986. Dois anos depois, casou-se com a também pernambucana Ana Maria Araújo. Ambas foram reconhecidas por Paulo como importantes em sua carreira, inclusive quando o educador dedicou seu título de Doutor *Honoris Causa* na PUC de São Paulo "à memória de uma e à vida da outra". Em 1946, foi indicado ao cargo de diretor do Departamento de Educação e Cultura do Serviço Social no Estado de Pernambuco, onde iniciou o trabalho com analfabetos pobres.

Em 1961 tornou-se diretor do Departamento de Extensões Culturais da Universidade do Recife e, no mesmo ano, realizou junto com sua equipe as primeiras experiências de alfabetização popular que levariam à constituição do Método Paulo Freire. Seu grupo foi responsável pela alfabetização de 300 cortadores de cana em apenas 45 dias. Em resposta aos eficazes resultados, o governo brasileiro (que, sob o presidente João Goulart, empenhava-se na realização das reformas de base) aprovou a multiplicação dessas primeiras experiências num Plano Nacional de Alfabetização, que previa a formação de educadores em massa e a rápida implantação de 20 mil núcleos (os "círculos de cultura") pelo país.

Na visão do educador, escritor e filósofo pernambucano, a leitura (e, no mesmo sentido, a escrita) somente faz sentido se for acompanhada da capacidade de perceber o mundo, de reconhecer os papéis desempenhados por cada um na estrutura social. Seu método de ensino agia com base nas palavras que faziam parte do cotidiano. O foco não era no conteúdo ensinado, mas no processo de aprendizagem.

Sua tentativa de levar uma conscientização política e de classe para os educandos talvez tenha sido o fator que mais despertou a ira de setores conservadores da época, responsáveis por extinguir o Plano Nacional da Alfabetização e pelo exílio de 15 anos.

A obra de Paulo Freire é profundamente marcada pela insistência de levantar-se um novo tipo de educação, capaz de dar autonomia às classes dominadas por meio do diálogo e de uma educação emancipadora. Para quem simpatiza com suas ideias, essa tarefa é necessária para a criação de um novo Brasil, mais justo e igualitário. Para quem discorda, há, em geral, o medo de que ela seja a "cartilha" para fazer o que setores conservadores têm chamado de "doutrinação marxista nas salas de aula". Essa acusação, sustentada atualmente por grupos políticos ligados à extrema-direita, foi a mesma que o condenou, em 1964.

Preso e exilado pelo regime militar, foi inicialmente para o Chile, onde coordenou projetos de alfabetização de adultos, pelo Instituto Chileno da Reforma Agrária, por cinco anos.

Em 1969, foi convidado a lecionar na Universidade de Harvard. Em 1970, foi consultor e coordenador emérito do Conselho Mundial de Igrejas (CMI), com sede em Genebra, na Suíça, onde foi colega da Professora Rosiska Darcy de Oliveira, figura atuante da Academia Brasileira de Letras.

Até o seu retorno ao Brasil, em 1980, permitido pela Lei da Anistia, Freire fez viagens a mais de 30 países, prestando consultoria educacional e implementando projetos de educação voltados para a alfabetização, para a redução da desigualdade social e para a garantia de direitos.

De volta a São Paulo, passou a dar aulas na Pontifícia Universidade Católica de São Paulo (PUC-SP) e na Universidade de Campinas (Unicamp). Entre 1988 e 1991, foi nomeado secretário de educação do município. Morreu no dia 2 de maio de 1997, aos 76 anos, após passar por uma angioplastia. Em todo o mundo, cerca de 350 escolas e instituições levam o seu nome.

17.1.2 Coerência

É justo que se façam presentes no centro de qualquer homenagem prestada a Paulo Freire mobilizações por direitos básicos de cidadania, democracia e soberania, tanto quanto lutas antirracistas e feministas, além da defesa do acesso irrestrito à educação. O autor de *Pedagogia do Oprimido* defendia, como objetivo principal da escola, ensinar o aluno a "ler o mundo" para transformá-lo. Com atuação e reconhecimento internacionais, desenvolveu esse pensamento pedagógico assumidamente político.

Para Freire, o objetivo maior da educação é conscientizar o aluno. Isso significa, em relação às parcelas desfavorecidas da sociedade, levá-las a entender sua situação de oprimidas e agir em favor da própria libertação.

Ao propor uma prática de sala de aula que pudesse desenvolver a criticidade dos alunos, condenava o ensino oferecido pela ampla maioria das escolas ("escolas burguesas"), que ele qualificou de "educação bancária". Nelas, o professor age como quem "deposita conhecimento num aluno apenas receptivo". O saber é visto como uma doação dos que se julgam seus detentores. Trata-se, portanto, de uma escola alienante.

Um conceito a que Paulo Freire deu a máxima importância foi o da coerência. Para ele, não é possível adotar diretrizes pedagógicas de modo consequente sem que elas orientem a prática, até em seus aspectos mais corriqueiros: "As qualidades e virtudes são construídas por nós no esforço que nos impomos para diminuir a distância entre o que dizemos e fazemos", defendeu o educador.

17.2.3 *Realidade atual*

A reinvenção do pensamento de Paulo Freire ("Ensinar não é transferir conhecimento, mas criar as possibilidades para a sua própria produção ou a sua construção") se dará na medida em que se colocar em contundente diálogo com a realidade atual. O grande número de estudantes que tiveram as aulas suspensas durante a pandemia e a consequente percepção de queda da qualidade do ensino brasileiro comprovaram os impactos severos da crise na educação e exigiram medidas articuladas entre os sistemas de ensino no país.

Não foram poucos os relatos de estudantes sem equipamentos ou conexão à internet, famílias em situação econômica cada vez mais frágil, professores com crescentes dificuldades em manter os alunos engajados nas aulas remotas e pais ansiosos pela volta às aulas presenciais. O resultado dessa combinação fez com que muitos estudantes desistissem da escola, o que, infelizmente, continua acontecendo.

A evasão escolar é um problema crônico, com alto custo humano, social e econômico para o Brasil. Dos quase 50 milhões de brasileiros entre 14 e 29 anos, mais de 20% – ou seja, 10,1 milhões de jovens – não completaram alguma das etapas da educação básica (que engloba os ensinos Fundamental e Médio), segundo pesquisa divulgada pelo IBGE, no final de 2020.

De cada jovem que abandona a escola, o Brasil perde R$ 372 mil por ano. No total, o custo anual da evasão escolar é de R$ 214 bilhões, ou 3% do PIB (Produto Interno Bruto), com base na redução das possibilidades de emprego, renda e retorno para a sociedade das pessoas que não concluem a educação básica.

Paulo Freire acreditava na educação como ferramenta de transformação social, como forma de reconhecer e reivindicar direitos. "Compreender o mundo para transformá-lo" significa, sobretudo, compreender e viver a ética, a solidariedade e implementar as ideias freireanas no cotidiano das comunidades, instituições e movimentos sociais.

18
Que educação queremos?

No livro *Que educação queremos para o futuro*, o saudoso educador Gabriel Mário Rodrigues (falecido em 2021, criador da Faculdade Anhembi Morumbi, que se transformou nesse fenômeno que é a Universidade Anhembi Morumbi, uma das mais importantes do quadro de instituições privadas do país) analisou fatos da nossa realidade, como o que se passou na cidade maranhense de Bom Jardim (40 mil habitantes), situada a 280km de São Luís. Os alunos amontoados em salas apertadas e desprovidas de mínimo conforto e infraestrutura adequada, viram a prefeita da cidade ser presa, em 2015, acusada de desviar dinheiro dos setores da educação e saúde.

Segundo se afirmou, na época, não se tratava de uma ocorrência isolada. Infelizmente, existem muitas cidades como Bom Jardim. A pergunta do autor, na referida obra, é bem objetiva: que sociedade queremos para o futuro? Que país desejamos construir com este tipo de exemplo?

Gabriel levantou questões básicas norteadoras que precisam ficar permanentemente em pauta. Não podemos deixar de destacá-las: "O Brasil tem plano estratégico de futuro como sociedade organizada?" "Existe planejamento para o desenvolvimento técnico, cultural e científico?" "Há um projeto de sociedade para ordenar diretrizes e ações para um plano nacional de desenvolvimento sustentável?" "Qual o papel da educação nesse plano, neste futuro, nesta construção de sociedade com mais equidade e consentânea com o momento atual?"

O que parece estar evidente, na sociedade brasileira, é o cansaço do atual modelo de educação. Em quantidade e qualidade não responde aos nossos anseios. No capítulo da qualidade, em que talvez resida a maior deficiência, não temos um quadro de magistério preparado para os imensos desafios da sociedade do conhecimento.

O sucesso econômico e uma cultura de inovação contínua dependem da capacidade de atualização socioeducativa. A tradição educativa ocidental tem determinado uma educação voltada para o saber cumulativo de conteúdos, intimamente ligado ao comportamento verbal dos professores, onde a preocupação maior é a obtenção de grau quantitativo e não qualitativo. Esse modelo de escola já não nos leva a uma aprendizagem efetiva, pelo fato de estar em desarmonia não só com as mudanças de comportamento sociais, mas ainda quanto aos avanços tecnológicos. O Professor Gabriel Rodrigues atenta para um problema crucial:

> O sistema universitário e as empresas empregadoras são mundo dissociados que não interagem entre si. Enquanto as empresas precisam capacitar os egressos das faculdades para atenderem as reais demandas, as escolas estão preocupadas com a as avaliações dos organismos reguladores.

É nesse panorama que, hoje, se abre uma larga discussão em torno do futuro da educação brasileira. Segundo Gabriel Mário Rodrigues,

> somos forçados a pensar em mudanças que partem primeiro de nós mesmos para, depois, as incorporarmos ao sistema,

corrigindo os atrasos e recuperando o tempo perdido, a credibilidade e a confiança. Somente com esse processo do micro para o macro – ou seja, de nós para a sociedade – será possível corrigir rotas, cortar os excessos de sempre fazer as mesmas coisas, para que, finalmente, possamos invadir o terreno do futuro e ousar pensar, planejar antes, construindo uma nova perspectiva de futuro e rompendo definitivamente com o passado.

Os desafios são imensos. A divulgação de que temos 16,2 milhões de brasileiros vivendo na miséria absoluta (ganham menos de R$ 70 por mês) é um choque na consciência nacional. E nos remete para a discussão permanente sobre o valor da educação, obrigando-nos a pensar, juntos, na renovação de todo o sistema educacional.

Parte VII

Educação é a base

A educação é considerada condição básica para o desenvolvimento da humanidade e, como tal, é responsabilidade do Estado e da sociedade. Uma nação que se pretenda forte não poderá construir suas bases às custas da descaracterização de sua cultura, do descompromisso com seus jovens. O resultado será uma geração sem objetivos, acrítica e despreparada.

A educação tem papel fundamental na formação do ser humano integral e consciente de sua cidadania. As ações educativas deverão estar alicerçadas sob a ótica dos princípios gerais do direito e da ética.

Podemos compreender a tradição oral como a primeira metodologia de ensino da humanidade, principalmente dentro do contexto educacional judaico. Os escritos sagrados, além de conterem toda a base de conduta moral, ética e espiritual, serviam como recurso instrucional dentro do processo de ensino-aprendizagem do povo judeu, desde o início de sua história.

A *mishnah* é a peça-chave desta metodologia. Da raiz hebraica *shanah*, *mishnah* significa repetição; isto é, repetição da tradição, que ocorria oralmente. Não se trata de leitura associada à escrita, e sim, leitura acompanhada de repetição de sons, letras, frases até a compreensão de textos. Todo este processo ocorria até o amadurecimento da leitura para repetição e memorização da lei oral.

A pedagogia é a ciência do eterno diálogo, do eterno questionamento. Uma ciência para a qual não há respostas concretas ou excludentes. O judeu não conseguirá se elevar espiritual e intelectualmente sem um modelo educativo à sua frente.

Somos testemunhas morais e alunos dessa liderança, que iniciou com a missão de Avraham até chegar a Moshé, seguindo-se para os profetas até chegar aos rabinos.

Os rabinos e os sacerdotes detinham o conhecimento das escrituras e desempenhavam papel primordial na transmissão de todo este conhecimento ao povo. Esta transmissão, executada de modo planejado e instrucional tornou-se a essência da educação judaica e da perpetuação de valores culturais que percebemos até os dias atuais.

Teoria e prática devem sempre andar juntas. A educação é o meio pelo qual a sociedade transmite seus princípios e valores. É reforçando a educação que reforçaremos o conhecimento do mundo, tornando-nos capazes de melhorá-lo.

Vivemos uma época em que é comum afirmar que a verdade não existe ou é relativa. Se duas pessoas discordam, isso significa, apenas, que "a verdade de uma é diferente da verdade da outra". Teorias e filosofias políticas são vistas como ideologias em conflito, reflexos superestruturais de infraestruturas econômicas alternativas, cada uma privilegiando determinadas classes, acerca das quais não cabe levantar a questão da verdade. Em relação às artes, muitos temem até emitir um juízo estético, tal é a patrulha ideológica. A noção de verdade, se admitida, é vista apenas em termos da coerência de um conjunto de enunciados, e não de sua correspondência com a realidade.

Estamos nos aproximando da época, quando 200 mil escolas brasileiras estarão diante do desafio de implantação de uma nova base curricular. Nada menos de 45 milhões de estudantes serão orientados por cerca de 2 milhões de professores, espera-se, com novos e revolucionários conceitos. Se a educação é um ato moral e social, é natural que não se deixe dominar, por exemplo, pela economia, pois não há sentido em se fazer do homem apenas um instrumento do desenvolvimento econômico.

O estudo das ideias pedagógicas ao longo da história prova que as teorias educacionais não foram a causa de crises sociais e políticas, mas sua consequência.

É em tempos conflituosos e de perplexidade que os pensadores se debruçam sobre que tipo de educação está sendo dada à juventude. Nas sociedades estáveis, como as primitivas, não surgia teoria educacional alguma porque não havia problema educacional a ser resolvido.

No caso brasileiro, por exemplo, a educação está em evidência porque se vive em momento de crise: econômica, cultural e de valores. A sociedade se pergunta sobre o seu futuro (o que deve ser) e toma conhecimento da realidade (o que é). Essas duas premissas encontram-se na pedagogia.

Nas sociedades primitivas a educação norteava as relações sociais e de produção, os costumes e o comportamento do indivíduo e da coletividade. Hoje, a educação é algo imprescindível para a sobrevivência do grupo e da própria sociedade. É ainda um meio de controle e de reforço das desigualdades sociais. A posse de conhecimentos por parte de alguns é uma forma de poder e da divisão social.

A educação, tal como se apresenta, é marcada pela investigação científica que determina seu conteúdo e por aspectos ideológicos, econômicos, sociais, políticos e religiosos. Nesse contexto, as relações e funções da ciência e da escola adquirem uma significação social e histórica. Não é possível limitar-se a educação a uma visão técnica apenas, porque toda forma de educação é um projeto político. O conhecimento tem condicionamentos éticos e ideológicos.

A Base Nacional Comum Curricular (BNCC) abre uma nova fase na educação brasileira. O documento, que servirá como referência para o currículo de todas as escolas do país, organiza a progressão do ensino e aponta o que se espera da escola: formar indivíduos que aprendam a pensar. Não é só a base conteudística que está em questão.

Entre os pontos que chamaram a atenção na nova versão da Base estão as dez competências para educação básica; ou seja, habilidades que devem ser necessariamente desenvolvidas ao longo da trajetória, abordando pontos ligados ao conhecimento e também aos aspectos socioemocionais. A intenção é que, ao longo do processo escolar, o jovem tenha recebido formação integral. O documento será referência obrigatória na elaboração dos currículos de escolas públicas e particulares de todo o Brasil.

19.1 Dez competências

Eis as dez competências gerais para a educação básica, que pressupõem que os alunos devem aprender a resolver problemas, a trabalhar em equipe com base em propósitos que direcionam a educação brasileira para a formação integral e para a construção de uma sociedade justa, democrática e inclusiva:

1) Valorizar e utilizar o conhecimento

Valorizar e utilizar os conhecimentos historicamente construídos sobre o mundo físico, social e cultural para entender e explicar a realidade (fatos, informações, fenômenos e processos linguísticos, culturais, sociais, econômicos, científicos, tecnológicos e naturais), colaborando para a construção de uma sociedade solidária.

2) Curiosidade para inventar soluções

Exercitar a curiosidade intelectual e recorrer à abordagem própria das ciências, incluindo a investigação, a reflexão, a análise crítica, a imaginação e a criatividade, para investigar causas, elaborar e testar hipóteses, formular e resolver problemas e inventar soluções com base nos conhecimentos das diferentes áreas.

3) Senso estético para arte e cultura

Desenvolver o senso estético para reconhecer, valorizar e fruir as diversas manifestações artísticas e culturais, das locais às mundiais, e também para participar de práticas diversificadas da produção artístico-cultural.

4) Conhecer as formas de linguagem

Utilizar conhecimentos das linguagens verbal (oral e escrita) e/ ou verbo-visual (como libras), corporal, multimodal, artística, matemática, científica, tecnológica e digital para expressar-se e partilhar informações, experiências, ideias e sentimentos em diferentes contextos e, com eles, produzir sentidos que levem ao entendimento mútuo.

5) Usar tecnologias de forma crítica

Utilizar tecnologias digitais de comunicação e informação de forma crítica, significativa, reflexiva e ética nas diversas práticas do cotidiano (incluindo as escolares) ao se comunicar, acessar e disseminar informações, produzir conhecimentos e resolver problemas.

6) Valorização da diversidade cultural

Valorizar a diversidade de saberes e vivências culturais e apropriar-se de conhecimentos e experiências que possibilitem entender as relações próprias do mundo do trabalho e fazer escolhas alinhadas ao seu projeto de vida pessoal, profissional e social, com liberdade, autonomia, consciência crítica e responsabilidade.

7) Argumentação com dados confiáveis

Argumentar com base em fatos, dados e informações confiáveis, para formular, negociar e defender ideias, pontos de vista e decisões comuns que respeitem e promovam os direitos humanos e a consciência socioambiental em âmbito local, regional e global, com posicionamento ético em relação ao cuidado de si mesmo, dos outros e do planeta.

8) Autocrítica para reconhecer o outro

Conhecer-se, apreciar-se e cuidar de sua saúde física e emocional, reconhecendo suas emoções e as dos outros, com autocrítica e capacidade para lidar com elas e com a pressão do grupo.

9) Dialogar sem preconceitos

Exercitar a empatia, o diálogo, a resolução de conflitos e a cooperação, fazendo-se respeitar e promovendo o respeito ao outro, com acolhimento e valorização da diversidade de indivíduos e de grupos sociais, seus saberes, identidades, culturas e potencialidades, sem preconceitos de origem, etnia, gênero, orientação sexual, idade, habilidade/necessidade, convicção religiosa ou de qualquer outra natureza, reconhecendo-se como parte de uma coletividade com a qual deve se comprometer.

10) Ação segundo princípios éticos

Agir pessoal e coletivamente com autonomia, responsabilidade, flexibilidade, resiliência e determinação, tomando decisões, com base nos conhecimentos construídos na escola, segundo princípios éticos democráticos, inclusivos, sustentáveis e solidários.

A Base resultou de intensa colaboração entre governos, professores, gestores e especialistas. Trata-se de obra coletiva que traduz o empenho da sociedade e do Estado. O que a atual versão do documento mostrou é que a educação brasileira será mais experimental e menos expositiva.

20

Dialética entre educação e ciência

Ciência e pedagogia devem estar dialeticamente unidas, ambas voltadas para a solução de problemas, tais como a desnutrição infantil e os meninos de rua.

Nos dois aspectos dessa relação dialética, é preciso que se conheça o que se faz, o como e o porquê se faz (o que é) e, também, no dever ser, o aporte dos conhecimentos científicos. Seria o caso, por exemplo, dos objetivos da organização da escola ou da forma de aprendizagem.

Mesmo nesse dever ser, apoiado na investigação científica, a educação segue tendências filosóficas. Há diversas maneiras de conhecer a filosofia e, *ipso facto*, a educação. Ainda que os temas sejam únicos, a investigação é diferente.

A própria fixação de um programa de filosofia é um problema de filosofia da educação, pela necessidade de optar entre uma ou outra base ontológica. Essa escolha pressupõe uma reflexão filosófica de qualquer tipo que seja. É o pensamento ontológico que marca toda reflexão sobre os aspectos da realidade.

O conhecimento filosófico desacompanhado da reflexão crítica da realidade de nada vale. A filosofia da educação deve assumir a filosofia e o pensar sobre, para que envolva o ato de aprender e ensinar até os problemas do homem e da humanidade, dos direitos e deveres do indivíduo, e das ideias e princípios presentes na organização social e política.

Essa integração ou síntese entre pensamento e ação favorece o espírito democrático e o respeito aos diversos segmentos sociais. É essa forma de síntese entre pensamento e ação que a ciência não tem condição de realizar, porque lhe cabe especular criticamente sobre os problemas que a ciência põe de lado.

Na educação escolar, a filosofia e o pensar sobre devem coexistir permanente e criativamente, tanto em relação ao homem indivíduo quanto ao ser social.

A grande diferença entre a ciência e a educação reside na formulação de uma teoria educacional. A ciência pressupõe um problema educacional no qual se encaixe uma teoria que considere apenas as variáveis que possam ser controladas rigidamente. Já a filosofia não conhece limitações diante de variáveis controladas e não controladas. Ambas devem ser consideradas disciplinas complementares, porque são aspectos de uma única disciplina, que é a da investigação.

Há quem queira hierarquizar ciência e filosofia, mas as duas devem interpenetrar-se: enquanto a primeira considera as causas próximas e eficientes da prática, a filosofia vai além porque leva em conta as causas últimas.

Um dos objetivos da educação é desenvolver a capacidade de tomar decisões conscientes, formar o cidadão para a sociedade, tornando-o mais crítico sobre assuntos do cotidiano.

Há uma disseminação geral das tecnologias da informação e comunicação. É possível perceber que, de forma geral, elas integram a vida das pessoas, estão presentes em diversos segmentos e influenciam a vida social. A escola como centro de formação e do saber não pode negar o relacionamento entre o conhecimento no campo da informática e os demais campos do saber humano. Trata-se de uma nova forma de linguagem e de comunicação.

O ensino por experimentação, como requer a Base, demanda pesquisa – o que, hoje em dia, é impossível sem acesso à internet. No Brasil, a maioria das escolas tem laboratórios de informática trancafiados em salas que quase ninguém acessa e a internet, quando existe, não dá conta de pequenos *downloads*. Se a base curricular não vier acompanhada de um bom planejamento corre o risco de ficar desconectada da realidade.

As ideias são ótimas. Transpor o documento normativo, de cerca de 300 páginas, para a realidade dos sistemas de ensino exigirá articulação, competência e investimento. A implementação requer planejamento, infraestrutura, treino de professores e material adequado. Um desafio do tamanho do Brasil.

21

Autonomia

A sociedade contemporânea vive conectada à mídia, o que acarreta uma mudança considerável na velocidade de propagação da informação, da mesma forma que colabora para a criação de ambientes virtuais e de um novo espaço de comunicação.

A partir do seriado catalão *Merli* (Netflix), por exemplo, o ex-Ministro da Educação Janine Ribeiro, professor titular de Ética e Filosofia Política da USP, montou um bem-sucedido curso sobre temas de filosofia na Casa do Saber, em São Paulo, usando exemplos do protagonista da série, Merlí Bergeron, para engajar seus alunos, através de exemplos pop e cotidianos. A exemplo do personagem ficcional, o ex-ministro, autor do livro *A pátria educadora em colapso* (Ed. Três Estrelas, 2018), colocou em discussão o polêmico vídeo da Copa da Rússia, no qual torcedores brasileiros cercaram uma jovem russa e gritaram uma frase em alusão ao órgão sexual feminino. A atitude exposta no vídeo tem a ver com a postura de pais que criam filhos para serem prepotentes, terem sucesso e se sentirem melhores do que os outros. O curso sugere o encontro entre filosofia, educação e temas contemporâneos, chamando a atenção para a formação da desigualdade e o desrespeito no Brasil.

Com o atual nível de extremo desenvolvimento dos meios de telecomunicação, como as redes interativas de computadores, vídeos e áudios, é possível um diálogo mais ágil e particular com o professor e, principalmente, com os próprios alunos. Assim, esses meios de comunicação viabilizam programas menos estruturados do que os meios de comunicação impressos e gravados.

O Ensino Médio deve oferecer habilidades e competências aos alunos segundo suas escolhas pessoais – e de acordo com as variações do mercado. Prevê-se a valorização do ensino técnico-profissional de que o país tanto carece. É o que faz com sucesso o Sistema S desde a década de 1950, com a boa tradição dos seus cursos profissionalizantes. Quando o assunto é tecnologia aplicada à educação, o Sesi, o Senai, o Senac e o Sesc são pioneiros na formação dos profissionais do futuro. Essas entidades colocam os jovens em contato com a tecnologia desde cedo e contribuem com a formação de adultos mais conectados à inovação. O Sesi, por exemplo, mantém aulas de robótica no currículo de 400 de suas escolas de Ensino Médio e Fundamental. Há anos, organiza um torneio de Robótica para estudantes de 9 a 16 anos, de escolas públicas e particulares, desafiados a criar soluções inovadoras e construir robôs com peças de Lego.

Outro exemplo de sucesso no Rio de Janeiro é a Escola Eleva de Educação Básica, uma escola do futuro, com 370 alunos de Ensino Fundamental. No ano próximo seriam mais de 1.000 alunos, pois a procura é imensa.

Uma conversa com os diretores Duda Falcão, Amaral Cunha e Isabella Sá permite observar que se trata de uma escola brasileira de primeiro mundo, conduzida pela genialidade de Jorge Paulo Lehman. Os seus dirigentes preocupam-se com a questão ética e social, conduzindo o currículo de modo adequado, em contato íntimo com os pais dos alunos. Eles são chamados sistematicamente à escola, para tomar conhecimento do andamento das ações, dentro dos três pilares fundamentais: excelência acadêmica, inteligência de vida e cidadania global, este último significando o contato do aluno com o mundo.

Dá para reparar que, naquele espaço, o aluno é protagonista e não o professor. A escola é bilíngue, mas os seus professores consideram que, na verdade, é trilíngue, se considerarmos a Matemática como uma terceira língua. Aulas de meditação podem ser observadas em meio ao expediente, com um agudo interesse por parte dos alunos. O mesmo pode ser dito com respeito à robótica. O laboratório é muito visitado, inclusive depois do horário das aulas, para a montagem de projetos desenvolvidos pelos alunos, como é o caso de uma bela máquina impressora em 3D. Falando fluentemente português e inglês, a garotada exercita suas habilidades, com indiscutível eficácia.

O Grupo Eleva Educação tem 90 escolas e 45 mil alunos no país. Até a 7ª série do Ensino Fundamental, a escola cede o computador aos seus alunos. A partir daí, eles é que trazem a máquina, com a qual irão se habilitar para o exercício das profissões do futuro.

A Escola Eleva está preparada para oferecer ao aluno, a partir do 9º ano, um conjunto de disciplinas opcionais em português e inglês, com o objetivo de permitir que ele explore e conheça melhor diferentes áreas do saber, para decidir que rumo tomar. De saída, pode escolher um desses quatro caminhos: Empreendedorismo e Negócios, Sociedade e Cultura, Criatividade e Comunicação, Análise de Dados e Lógica. Trata-se de um belíssimo projeto pedagógico.

Vivemos o tempo da IV Revolução Industrial e daí surge a utilização da inteligência artificial nesse processo. Estamos conhecendo a existência de máquinas que são capazes de pensar como os humanos. Sabemos que os dois hemisférios da inteligência artificial – o cristalino e o trevoso – em pleno emprego na Universidade de Stanford (EUA) são capazes de determinar se um indivíduo é heterossexual ou *gay*, num enorme avanço do desenvolvimento científico e tecnológico.

O laboratório de Robótica da Escola Eleva mostra, de forma adequada, como a IA revolucionou o cotidiano. Já não constitui mais surpresa o fato de que *softwares* podem superar os humanos em arranjos mentais, dando *show* de lógica e raciocínio. Outro ser inteligente pode estar habitando o planeta, criando condições especiais de rivalidade.

Robôs operam carros autônomos, indiscutivelmente facilitando nossas vidas. Será possível dirigir carros a distância, caracterizando a presença da inteligência artificial na nossa rotina. Algoritmos serão a marca da presença tecnológica no mundo desenvolvido do século XXI. O que parecia um sonho do escritor e cientista Isaac Asimov (1920-1992), autor do clássico "Eu, robô", hoje é uma risonha realidade.

Enquanto um carro é dirigido pela IA, graças a um computador de bordo, outra inteligência artificial pode ser acionada pelo motorista para encomendar o seu jantar, que será entregue em minutos por um drone devidamente instruído. A Amazon já testa esses produtos, com grande eficácia. É o resultado de avanços obtidos no Vale do Silício, onde se desenvolve uma ação que pode executar 500 diferentes trabalhos num dia e outros 500 no dia seguinte. Assim, a IA poderá substituir seres humanos em funções que não exijam capacidades, como é o caso de motoristas e/ou mestres de obras. No lugar deles, com uma indizível vantagem, estarão robôs devidamente qualificados. Serão os pedreiros robóticos, como existem na Austrália, capazes de erguer prédios com a maior competência.

De 2013 para cá, as tecnologias de inteligência artificial cresceram algo em torno de 300% ao ano – e isso tende a se ampliar progressivamente, servindo aos seres humanos. Como é o caso do aplicativo Peek, *kit* portátil de exame de olhos, que utiliza a câmera de smartphone para detectar a existência de cataratas. Graças a essa descoberta, tem sido possível tratar a doença em tempo hábil, evitando que se chegue ao limite extremo da cegueira.

Recentemente, pesquisadores de Israel e da Alemanha desenvolveram um algoritmo de Inteligência Artificial capaz de identificar textos escritos há mais de 5 mil anos. Com a nova tecnologia, traduziram para o inglês a escrita cuneiforme das antigas civilizações da Mesopotâmia.

Ler esses textos milenares, em escritas complicadas e, na maioria das vezes danificadas, ainda era tarefa ao alcance, apenas, dos poucos especialistas e pesquisadores envolvidos. Isso muda totalmente com a chegada do novo algoritmo da Inteligência Artificial.

Com o desenvolvimento das tecnologias, o aluno tornou-se cada vez mais autônomo e independente sem ficar limitado pelas restrições de tempo e espaço. Países da Europa, África e América têm se destacado como propulsores de metodologias ligadas às novas tecnologias. Como exemplo de inovações tecnológicas no âmbito do ensino, a partir de 1994, com a expansão da internet nas Instituições de Ensino Superior (IES), as universidades brasileiras começaram a ofertar cursos superiores a distância e a utilizar as novas tecnologias de informação e comunicação (TIC) com maior frequência. Desde então, a Educação a Distância criou um mercado amplo e sem precedentes cujas fronteiras são cada vez mais infinitas.

Estamos vivendo em pleno mundo digital. Embora ainda existam bolsões de pobreza, a verdade é que, nas duas últimas décadas, a internet comercial é uma realidade, hoje com cerca de três bilhões de navegantes. Ter um celular passou a ser um direito humano para cerca de 5,2 bilhões de pessoas, que representam quase a totalidade do mundo. A esse incrível número correspondem empresas que valem 2,4 trilhões de dólares na Bolsa de Valores de Nova York. A internet continua a crescer em alta velocidade. Os avanços de cibernética são notáveis. A cada dia são anunciados novos progressos, como ocorre, por exemplo, no campo da medicina. Antigas operações feitas por mãos habilidosas de cirurgiões, hoje são realizadas via Robótica, com extraordinárias vantagens.

Com a necessidade de atendimento educacional, sobretudo em países socialmente desfavorecidos, esses novos mecanismos abrem perspectivas de democratização de oportunidades como jamais se viu. Assim, pode-se ligar a internet a uma escala planetária de ofertas, valorizando o conceito de direitos humanos. A que se devem agregar as potencialidades da modalidade de Educação a Distância, hoje, em plena expansão, pois se trata de um fator reconhecidamente barato e eficaz. A EAD se vale dos avanços científicos e tecnológicos e tende a um crescimento explosivo, mesmo em nações subdesenvolvidas, onde as inovações custam mais a chegar, mas acabam se beneficiando também do progresso.

No Brasil, a EAD está vencendo preconceitos iniciais e conquista cada vez mais estudantes, com mais de 1 milhão e 300 mil de matriculados. Há 1.200 cursos a distância no país e a alta nos vestibulares é bastante significativa: cresceu 80% nos últimos anos. A modalidade atrai um número cada vez maior de adeptos, embora a maioria pertença ao ensino privado (cerca de 60% do total).

Hoje, com o avanço tecnológico, os alvos da EAD passaram a ser os indivíduos que já estão inseridos no processo produtivo, com faixa etária acima dos 25 anos e problemas de tempo ou geográficos, para frequentar uma faculdade regular. São também gerentes de bancos ou de supermercados, por exemplo, que se matriculam nos cursos de educação a distância com o objetivo de melhorar o desempenho em seus trabalhos. E sem a necessidade de abandono de emprego ou de afastamento da família.

O esforço para integração de plataformas deve incluir *softwares*, equipamentos e serviços de telecomunicações. Há diversas experiências em andamento, a partir de autorizações do Conselho Nacional de Educação. Mas o número ainda é pequeno para as imensas necessidades pedagógicas do país.

A moda é citar a inclusão social, de que a digital obviamente é parte. Com o avanço da *gamificação* nas escolas brasileiras, sobretudo as particulares, é possível melhorar a qualidade do ensino, especialmente em matérias como a matemática. Escrevi, junto com a Professora Manoela Ferrari, um livro sobre o tema (*Gamificação – O desafio das novas tecnologias educacionais*), para a Universidade Coorporativa do Ciee-SP. Vale a pena ler.

Os jogos são muito úteis para ministrar conhecimentos de álgebra e geometria, por exemplo. É um aspecto lúdico que não se deve deixar de considerar. As plataformas de ensino personalizado, como a Geekie, fundada pelo paulista Eduardo Sassaki, por exemplo, usam *big data* e jogos para facilitar o aprendizado. Os alunos baixam o aplicativo no celular e indicam suas dificuldades, encontrando conteúdos individualizados para acelerar a absorção de conhecimento.

Cerca de 25 milhões de brasileiros com mais de 16 anos têm acesso à internet, mas devemos pensar que somos uma população superior a 204 milhões de habitantes. Ainda é pequeno o índice dos que têm esse privilégio, mais adstrito a escolas particulares, tornando bem visível o fosso entre incluídos e excluídos digitais, no quadro geral de pobreza do país.

A revolução na educação, infelizmente, ainda não chegou como deve às universidades. Alguns fatores explicam o atraso, entre eles, o esforço do governo em ampliar o número de alunos no Ensino Superior, independentemente da qualidade dos cursos oferecidos. Outra razão é o excesso de regulamentação. As instituições tradicionais só conseguem aprovar mudanças com a permissão do Ministério da Educação, o que torna as inovações mais lentas. Outro motivo seria a relutância das faculdades em abraçar as novas tecnologias e reinventar seu jeito de repassar conhecimento.

Nesse cenário, cresce o número de empresas investindo por conta própria na formação de trabalhadores, através das universidades corporativas, podendo ousar e abusar das novas tecnologias. A Universidade do Ciee (UniCiee) foi concedida mediante o esforço de colaboradores das mais diversas áreas da organização. Mais do que um rótulo novo, o conceito sinaliza o investimento estratégico e constante no desenvolvimento das competências essenciais às organizações. Atualmente, esse modelo de capacitação está sendo aplicado em diversas empresas e tem favorecido o crescimento e a evolução de estagiários e aprendizes.

A UniCiee faz parte de um conjunto de mudanças que estão sendo implementadas no Ciee com o objetivo de fortalecer seu atendimento à juventude brasileira. É importante mencionar que as ideias de crescimento e desenvolvimento são aspectos centrais na construção da Universidade Corporativa. No cerne dessa iniciativa está não apenas a preocupação com a abrangência do projeto, levando o desenvolvimento a todos os colaboradores, mas também o estímulo e o incentivo ao protagonismo e ao autodesenvolvimento.

O Banco do Brasil, por exemplo, a fim de capacitar mão de obra, despendeu R$ 127,1 milhões, em 2017, com a Universidade Corporativa. Ofereceu 8 milhões de horas de treinamento, ministrando cursos por meio da plataforma de educação a distância, utilizando recursos como jogos e sistemas de realidade aumentada, que podem ser acessados pelo celular.

Inteligência Emocional

Criação do psicólogo norte-americano Daniel Goleman, a Inteligência Emocional é um conceito relacionado com a chamada "Inteligência Social". Um indivíduo emocionalmente inteligente é aquele que consegue identificar suas emoções com mais facilidade.

Goleman é também escritor e PhD da Universidade de Harvard. Foi o responsável pela popularização do conceito, no mundo inteiro, por intermédio do livro *Inteligência Emocional*, publicado em 1986, e que já vendeu mais de 5 milhões de cópias.

O autor ensina que o controle das emoções é essencial para o desenvolvimento da inteligência de um indivíduo. Não há uma loteria genética que defina vitoriosos e fracassados no jogo da vida. Embora existam pontos que determinam o temperamento, muitos dos circuitos cerebrais da mente humana são maleáveis e podem ser trabalhados.

Temperamento não é destino e, sim, um aspecto da personalidade que aponta as particularidades do comportamento. Trata-se de um conjunto de tendências que têm relação com a forma de ver o mundo, os interesses, as habilidades e os valores mais evidentes de um ser humano.

A teoria dos temperamentos surgiu por volta do ano 400 a.C. e foi criada por Hipócrates – o pai da medicina. Desde então, o temperamento dos indivíduos tem sido objeto de estudo de diversos psicólogos, neurocientistas e filósofos (viram por que eles são importantes?).

Uma das grandes vantagens das pessoas com Inteligência Emocional é a capacidade de se automotivar e seguir em frente, mesmo diante de frustrações e desilusões, de que a vida é pródiga. Portanto, a Inteligência Emocional pode ser a maior responsável pelo sucesso ou fracasso dos indivíduos. Um bom relacionamento humano pode ser decisivo para alcançar o sucesso.

Ao longo da história, a escola foi-se adaptando às novas tecnologias. Num primeiro momento, a educação formal era baseada em aulas expositivas, com o enfoque no discurso do professor. Atualmente, temos diversas mídias educacionais. O grande desafio é saber utilizá-las de modo eficiente e permitir que elas contribuam com as práticas pedagógicas. Toda tecnologia nova é um pêndulo entre o positivo e o negativo, dependendo do seu uso. Estamos chegando nas ondas do 5G. Precisamos nos preparar.

Já se fala em quarta revolução industrial. São tecnologias capazes de integrar os domínios físicos, digitais e biológicos da vida humana. Essa revolução seria caracterizada pela difusão da internet móvel, o surgimento dos sensores menores, mais poderosos e mais baratos, e pela inteligência artificial e aprendizado da máquina. O professor deve atualizar-se nas tecnologias inovadoras e descobrir-se um facilitador do processo educacional, reinventando um conjunto de ações didático-pedagógicas. É fundamental olhar para o indivíduo em todas as suas dimensões.

Parte VII

Part VII

Escola do século XXI

As mudanças de grande amplitude que caracterizam a sociedade contemporânea vêm causando um impacto de proporções inéditas no campo educacional, particularmente no que concerne à juventude. O aumento crescente da demanda por mais escolaridade, a busca por novas formações, a necessidade de percursos curriculares mais flexíveis, a existência de recursos pedagógicos tecnologicamente avançados, o advento da internet e das redes sociais e a comprovada limitação das metodologias mais ortodoxas tornam evidente que a escola, como é hoje, não atende às expectativas e necessidades da juventude brasileira.

60% das profissões de 2020 ainda não existem. É preciso preparar os nossos jovens para esse mercado. Números evidenciam o descasamento entre o sistema de ensino, inspirado na sociedade de 100 anos atrás, e a realidade do século XXI.

Quase dois terços das crianças matriculadas no Ensino Fundamental trabalharão em carreiras ainda inexistentes, de acordo com um estudo realizado, em 2016, pela Organização para Cooperação e Desenvolvimento Econômico (OCDE). A estimativa é que 35% das habilidades mais demandadas atualmente mudem, em menos de 24 meses, até 2020, quando 7,1 milhões de empregos deverão desaparecer.

O conhecimento é o maior insumo do século XXI. É ele que vai determinar o sucesso de um profissional. E o maior centro de distribuição de conhecimento continua sendo a escola. O avanço tecnológico e a necessidade de desenvolver novas aptidões provocam uma revolução no setor educacional. O Brasil, apesar de atrasado na matéria, tem atraído a atenção de escolas estrangeiras e investidores em *startups* especializadas em educação.

O professor tem como desafio alfabetizar-se nas tecnologias inovadoras e descobrir-se um facilitador do processo educacional, reinventando um conjunto de ações didático-pedagógicas. A incorporação das novas tecnologias ao ensino não pode descuidar da investigação acerca da realidade em que os docentes estão inseridos, especialmente sua prática pedagógica, formação e experiências. Esses elementos poderão ser determinantes para modificar a ação docente.

A escola, enquanto espaço físico, precisa reunir as condições materiais para a implantação de equipamentos e programas. As novas tecnologias, aliadas à práxis do ensino, aprimoram e dinamizam o processo educacional. As inovações tecnológicas potencializam o ensino-aprendizagem; as instituições de ensino não podem prescindir delas; o docente precisa ser estimulado ao uso dos novos recursos.

O professor, muito além de letras e números, transmite valores. Na escola o aluno aprende a pensar. Essa é a sua função essencial: desenvolver a inteligência reflexiva. Ao focar a ética é impossível dissociá-la da educação e da qualidade da escola. É também função da escola desenvolver o potencial de liderança que existe em todo ser humano.

23.1 Protagonismo do aluno

A escola tem sido pressionada a integrar a educação com tecnologias eletrônicas, mas nem todos os espaços físicos estão adaptados para receber os equipamentos e muitos docentes ainda não dispõem de conhecimentos teóricos e práticos para o uso dos novos recursos didáticos. Os ambientes que conseguiram reunir as condições materiais e os recursos humanos qualificados têm obtido bons resultados no processo ensino-aprendizagem. Parte da transformação, é certo, envolve inovações tecnológicas, mas a principal mudança está na maneira como se instrui. O aluno exige mais protagonismo nas salas de aula e o professor torna-se um "mediador de conteúdo". Para que o novo saber chegue ao aluno, será necessária uma nova forma de ensinar.

A Base Nacional Curricular Comum (BNCC) não mexe só no conteúdo, pedindo um novo professor na sala de aula. O documento propõe uma transformação na atuação do educador: sai de cena o detentor único do saber e entra o tutor, que mostra caminhos, orienta e auxilia, mas deixa o aluno trilhar a sua via na construção do conhecimento.

É importante entender que a BNCC não é currículo. A Base define as aprendizagens essenciais, já o currículo tem a ver com a metodologia e a estratégia a ser adotada para transmitir o conhecimento. Um dos pontos tratados pela Base Curricular, como vimos, é a formação integral do aluno, conceito que está ligado ao desenvolvimento de habilidades essenciais para o enfrentamento dos desafios do mundo moderno. A proposta não é ensinar as competências de forma isolada, acompanhando as exigências da Modernidade.

O professor deve atualizar-se nas tecnologias inovadoras e descobrir-se um facilitador do processo educacional, reinventando um conjunto de ações didático-pedagógicas. Por que não aliar entretenimento à educação? O caminho agrada aos alunos: passa pela "gamificação" – uso de jogos eletrônicos, que favoreçam a transmissão do conteúdo.

É um erro não se render às ferramentas digitais. As parcerias no âmbito da educação preveem recursos multimídia. Muitas vezes, os *games* são criados pela própria turma – o que ainda pode proporcionar senso de prazo, meta e trabalho em equipe, além do desenvolvimento de novas habilidades.

23.2 Investimentos

É lamentável que, em nosso país, ainda faltem investimentos na qualificação de professores. Faltam também laboratórios e bibliotecas. O Brasil tem cerca de 200 mil escolas, a maioria sem bibliotecas e laboratórios compatíveis. Diante disso, como oferecer aos nossos educandos a possibilidade de uma educação de qualidade? É essencial corrigir essas falhas. As sociedades mais bem-sucedidas economicamente e as que alcançaram os graus mais elevados de bem-estar são as que mais dominam as várias áreas do saber. A questão da educação é estratégica para atingir o estágio de desenvolvimento que almejamos como nação. Para nos mantermos competitivos, temos que nos tornar "eternos estudantes", seguindo o conceito de *lifelong learning* (numa tradução livre, "aprendizado ao longo da vida"). O processo de conhecimento é contínuo e não mais restrito a alguns anos da infância e do começo da vida adulta.

Nesse cenário, as *startups* voltadas para a educação (chamadas de *edtechs ou edutechs*) ganham relevância. No Brasil, atualmente, elas representam uma fatia significativa do mercado de empresas novatas: 9% são voltadas para o ensino, uma quantidade superior às destinadas aos segmentos de saúde e varejo, de acordo com dados da Associação Brasileira de Startups (ABStartups). O setor cresce, mundialmente, 17% ao ano e deverá movimentar 252 bilhões de dólares até 2020. Além de o mercado de educação ser propício para o desenvolvimento das *edtechs*, as próprias *startups* geram oportunidades de emprego para diversos profissionais. O mundo da educação está se abrindo para profissionais fora da área da pedagogia. Para a inovação acontecer, é preciso haver um "choque de saberes", quando agilidade, comunicação, pensamento crítico e capacidade de resolver problemas são essenciais.

No Brasil, antes de tudo, precisamos reformar a escola e o sistema educacional, tanto quanto precisamos de novas políticas para a educação. Estamos convencidos de que devemos dar mais espaço na escola para professores e alunos, estimular o controle democrático da escola pela comunidade, melhorar a gestão escolar, tornar a escola – e aqui particularmente a escola pública – um valor nacional, brigar para modificar o peso relativo da política educacional diante das demais políticas governamentais.

Mas ainda não estabelecemos com rigor o que entendemos por reforma da escola. Aceitamos com facilidade a ideia de reforma hoje em circulação: providências dedicadas a reduzir custos e ajustar estruturas, não a modificar sentidos e significados. Tendemos a achar que nas escolas faltam "administradores", gerentes competentes para manusear cifras, modelos e tecnologias destinadas a "otimizar" o ensino, as funções docentes, os currículos. Os próprios pais querem que a escola "administre" seus filhos, dando a eles disciplina e recursos para a ascensão profissional.

Chegamos a admitir que talvez o mercado possua mesmo o que a ideologia da época apregoa: racionalidade, eficiência, agilidade, até mesmo "justiça distributiva". Como a própria educação tornou-se, ela também, uma mercadoria, tendemos a achar que a escola deve ser administrada com métodos empresariais. Quantos não se deixam atrair, por exemplo, pelas escolas que têm bom *marketing*, ocupam lugar na mídia e "garantem" formação competitiva?

Porque somos filhos do tempo, achamos que não podemos esperar muito mais coisas do Estado, que a hora é não só do mercado, mas também das Organizações Não Governamentais e do terceiro setor. Parecemos sem forças para manter viva a velha utopia da escola republicana, da escola laica, pluralista, democrática, da escola de todos.

Se quisermos, porém, construir uma escola para o futuro, devemos ir além da cultura da época. É inegável que temos problemas de gestão, mas eles precisam ser pensados e enfrentados em sua justa dimensão. Os grandes problemas da escola e da educação são de outro tipo e de outra envergadura. Dependem, para ser solucionados, de pessoas que mobilizem recursos humanos, políticos, sociais e ideológicos para uma transformação substantiva.

23.3 Crise de aprendizagem

260 anos: esse é o tempo que o Brasil vai demorar para atingir o nível educacional de países desenvolvidos em leitura. A defasagem é apontada em estudo inédito do Banco Mundial, que estimou em 75 anos o tempo de atraso do aluno brasileiro em matemática.

Para traçar este cenário, o Relatório sobre o Desenvolvimento Mundial se baseou nos dados do Pisa, a avaliação internacional aplicada pela Organização para a Cooperação e Desenvolvimento (Ocde), que compara o desempenho de adolescentes de 15 anos em setenta países. O documento, de 239 páginas, examinou a educação em nações desenvolvidas e em desenvolvimento. Chegou a algumas conclusões que enfatizam gargalos conhecidos com números impressionantes.

A conclusão mais importante do documento é que há uma crise de aprendizagem no mundo todo. 125 milhões de crianças no planeta estão nesta situação: não adquiriram os conhecimentos básicos de leitura e de matemática, mesmo estando na escola. Na América Latina e Caribe, apenas 40% das crianças nos anos finais do Ensino Fundamental chegam a um nível considerado mínimo de proficiência em matemática, enquanto na Europa e Ásia são 80%. O texto sistematiza evidências de sucesso em vários países para traçar um panorama da educação mundial. A Coreia do Sul e, mais recentemente, o Peru e o Vietnã são países citados como alguns que conseguiram avançar com reformas e novas políticas.

O Brasil precisa, urgentemente, de um plano estratégico de educação, onde prevaleça, primordialmente, a valorização do professor, melhor gestão das escolas e o investimento na primeira infância. Os jovens que almejam a carreira de professor tiram nota abaixo da média do Pisa. É primordial atrair melhores profissionais para o magistério. Em Cingapura, Finlândia e Japão, onde o prestígio da carreira é grande, o desempenho dos alunos é elevado.

O relatório aponta caminhos para a virada. Um deles, certamente entre os mais emergenciais, é investir na criança desde o início da vida, fase em que o cérebro está em frenética atividade, formando as bases para o futuro. Vizinho do Brasil, o Chile tem um bom exemplo: estabeleceu um programa que acompanha a criança do útero até os 9 anos, do pré-natal da mãe à saúde e à vida escolar da criança. Não podemos esperar 260 anos.

Renda e produtividade

No mundo todo, países que saíram do subdesenvolvimento para sociedades altamente produtivas declaram que o investimento em educação foi fundamental para chegar ao topo do *ranking* do mundo competitivo entre os "emergentes" – caso de Coreia do Sul, Indonésia, África do Sul e outros.

Por aqui, a educação tem sido responsabilizada negativamente por quase tudo na carreira dos jovens – do fracasso escolar ao trabalho, passando pela insatisfação na vida pessoal. E jogam mais lenha nessa fogueira sem vaidades: a escola e a faculdade não têm ajudado na produtividade das empresas brasileiras. É o que indica o estudo Renda e produtividade nas últimas décadas, da Série Panorama Brasil, produzido pela consultoria Oliver Wyman com o Insper, Instituto de Ensino e Pesquisa. Foram analisados diversos fatores como Produto Interno Bruto (PIB), evolução da renda e sua distribuição, capital físico, infraestrutura, capital humano, qualidade no ensino, produtividade, ambiente de negócios, alocação de recursos, gestão empresarial, abertura comercial e perfil demográfico.

Analisando a evolução dos principais indicadores relacionados à renda e produtividade nas últimas décadas, resumiram-se os fatores que trouxeram o Brasil à situação atual.

E concluiu-se que, apesar dos avanços sociais – como a retirada de 17 milhões de pessoas da miséria e mais gente com acesso ao ensino em geral –, todas essas conquistas louváveis não se refletiram nos indicadores de qualidade da educação nem na melhoria da produtividade empresarial.

No primeiro caso, na Avaliação Escolar (Pisa – Programa Internacional de Avaliação) da Organização para a Cooperação e Desenvolvimento Humano (Ocde), fomos os últimos colocados de uma amostra de 43 países, segundo o estudo. Em 2015, tivemos uma melhora relativa, mas, ainda assim, ficamos em 60º lugar entre 67 países. No segundo ponto, a produtividade no Brasil não cresce por motivos conhecidos, como a qualidade da educação, mas também devido a infraestrutura, ambiente de negócios e abertura comercial. Pior, os indicadores de produtividade caíram. Entre meados das décadas de 1990 e 2010 a nossa produtividade decresceu de forma acentuada em comparação com a americana, caindo de 69% em 1996 para 48% em 2014.

É necessário investir na qualidade da aprendizagem e não apenas no ensino. As escolas de educação básica são pressionadas pelos pais e pelo mercado para aprovar alunos nos vestibulares e ranquearem bem nos exames como Enem, o que interfere no projeto pedagógico. Escolas que não pontuam bem no Enem se defendem justificando que não são conteudistas, privilegiando a formação integral do aluno. E as instituições de Ensino Superior se dividem entre a vocação acadêmica e a necessidade do mercado empresarial (formação de mão de obra).

Metacognição

Todo o processo educativo tradicional é baseado na cognição; ou seja, como se aprende e como se ensina. O mais importante no futuro será a metacognição: o aluno terá que entender o processo a que está submetido e conhecer seus avanços, obstáculos e deficiências. Isso abre a porta para um novo ponto: a classe não se dividirá mais entre aqueles que sabem e os que não sabem, mas dará espaço para um terceiro, que não sabe o conteúdo, mas sabe onde encontrá-lo. No mundo atual e futuro, é mais relevante a atitude de uma pessoa diante de uma pergunta para a qual ela não tem resposta, porque o acesso à informação não é mais crítico.

A sociedade do conhecimento é uma sociedade de aprendizagem. O sucesso econômico e uma cultura de inovação contínua dependem da capacidade de atualização socioeducativa. A era atual não funciona mais a partir da força das máquinas, mas a partir da força do cérebro, do poder de pensar, de aprender e de inovar. Pretende-se trocar a educação conteudística, marcada pelos decorebas, por uma educação comportamentalista que envolve, basicamente, a formação do caráter dos jovens, transmitindo tanto conhecimentos quanto comportamentos éticos, práticas sociais e habilidades gerais.

A tradição educativa ocidental tem determinado uma educação voltada para o saber cumulativo de conteúdos, intimamente ligado ao comportamento verbal dos professores, em que a preocupação maior é a obtenção de grau quantitativo e não qualitativo.

O grande problema das organizações atuais é a relação fragmentada do poder. No caso da organização escolar, as lideranças dispersas em ilhas formam um arquipélago organizacional, onde cada um cumpre burocraticamente seu papel.

Esse modelo de escola já não nos leva a uma aprendizagem efetiva, pelo fato de estar em desarmonia não só com as mudanças de comportamento social, quanto aos avanços tecnológicos. Se o professor não estiver atento à estrutura cognitiva e emocional do aluno, o aprendizado fica comprometido. Segundo especialistas, conhecer o funcionamento do cérebro contribui para o rendimento dos estudantes.

Pesquisas recentes revelam que a neurociência potencializa a inteligência dos alunos. O professor precisa trabalhar a mesma informação de modos diferentes, buscando as individualidades e tornando as aulas atraentes. Para prestar atenção em algo, o cérebro está sempre lutando contra pensamentos e elementos visuais que se dispersam. É preciso buscar melhores caminhos para a assimilação de informações, reforçando a necessidade de se combater um modelo de ensino que reduz a aprendizagem à memorização de conteúdo.

Não por acaso, vemos professores investindo em práticas ligadas à música e à dramatização em suas aulas.

Os ritmos e sons abrem muitas conexões para a memória de longo prazo, que é a que fixa a aprendizagem.

O professor é o agente educacional básico. É ele quem interage com o aluno quase o tempo todo. Por paradoxo, o magistério, em geral, não recebe a consideração merecida e, por frustração, reage inconscientemente, adotando atitudes incompatíveis às suas funções. Entre essas é marcante o uso incorreto do poder, em que se posiciona como detentor absoluto do conhecimento, exercendo-o com autoritarismo. Nesse sentido, torna-se um disciplinador. Quer ser ouvido, não ouvir.

25.1 Pedagogia moderna

Por mais controvérsias que existam sobre métodos de ensino, um conjunto de ideias virou praticamente consenso entre educadores nas últimas décadas. Algumas delas: o aluno deve gostar do que aprende; decorar informações é negativo; desenvolver competências como pensamento crítico, mais do que ensinar o conteúdo curricular, é o verdadeiro papel da escola do século XXI.

A verdadeira pedagogia moderna, baseada nas ciências cognitivas do século XXI, mostra que não basta saber ler. Os jovens devem ter fluência na leitura e nas operações matemáticas. Português e matemática são duas disciplinas estruturantes, que permitirão progredir nas outras. Isso permite aos alunos libertar a mente para as outras atividades de ordem cognitiva. É impossível aplicar criativamente conceitos se não se conhecem esses conceitos. Não se podem saltar etapas.

As escolas não são máquinas de ensino. O papel de liderança do professor é fundamental para reverter a situação mecanicista que ainda predomina em nossas salas de aula. Mas para isso é necessária a mudança na cultura organizacional, criando-se um clima motivador à participação e à criatividade. Uma escola competente integra lideranças e motivações. Cria uma cultura de participação e criatividade. Está aberta à comunidade, a intercâmbios enriquecedores, às vivências de situações-desafio.

A incompetência camuflada em exteriorizações burocráticas de poder acadêmico formal é fonte de insucessos. Todos têm condições de exercer influência na construção do bem coletivo – dirigentes, professores, orientadores, auxiliares, alunos e pais. A integração sistêmica desses personagens no contexto pedagógico-organizacional é relevante à sinergia e aos resultados.

Desafios

Segundo a educadora americana Karen Cator, executiva da área de educação da Apple, ex-diretora do Departamento de Tecnologia Educacional dos Estados Unidos, durante o primeiro Governo Obama, os cursos superiores de educação nos Estados Unidos e no Brasil enfrentaram problemas semelhantes: mais teoria do que prática, além de pouca ênfase no uso da tecnologia para melhorar o aprendizado dos alunos, mesmo que os novos professores já sejam nativos da era da internet.

Ao ser perguntada sobre os maiores desafios para o Brasil usar tecnologia na educação, Karen respondeu:

– A educação pública no Brasil tem muito o que melhorar em termos de garantir que todos os estudantes tenham acesso a um ensino de qualidade. Tanto no Brasil como na maior parte do mundo, há boas iniciativas ocorrendo, mas não há equidade. Elas não são distribuídas igualmente. O desafio real é dar acesso equitativo à tecnologia para todos os alunos e, em seguida, melhorar a habilidade das pessoas de fazer bom uso deste acesso para uma educação de qualidade. Uma das coisas que a tecnologia pode fazer é ajudar os professores a melhorar e também os alunos, especialmente se os alunos estão em um local sem um professor bem-formado.

Karen Cator prosseguiu:

– Se eu e você precisássemos aprender algo novo, hoje, provavelmente entraríamos na internet para procurar respostas, especialistas e recursos, porque a tecnologia dá à internet, com seus materiais, livros de domínio público, uma miríade de recursos que ajudam os alunos, além de oferecer plataforma para publicar e conseguir *feedback*.

À pergunta que lhe foi feita, indagando que bons exemplos de uso da tecnologia nas salas de aula que os Estados Unidos poderiam oferecer, Karen respondeu:

– Nos Estados Unidos, assim como no Brasil e em outros países, existem algumas escolas muito boas, algumas ilhas de excelência nas quais coisas inspiradoras e interessantes estão acontecendo nas salas de aula. Já vi salas de aula muito bem-sucedidas nas quais os professores permitiam que os alunos usassem seus telefones celulares e os próprios professores os utilizavam de maneira produtiva, por exemplo, para saber se os alunos estão compreendendo o que está acontecendo durante a aula, se sabem buscar as informações necessárias para resolver problemas.

O interesse dos alunos em tecnologia ainda é visto como dor de cabeça por muitos professores, que reclamam da distração que a internet e os celulares, por exemplo, podem representar em sala de aula. Em relação à pergunta que lhe foi feita sobre quais são as habilidades do século XXI que os alunos devem ter, Karen respondeu:

– Habilidades de resolução de problemas, pensamento crítico, comunicação, criatividade, método de abordar problemas que valorizem contexto, conhecimento, empatia ajudam os alunos a terem mentalidade de aprender durante toda a vida. E aprender durante toda a vida é uma das coisas mais importantes que os estudantes podem desenvolver enquanto estão na escola.

Além de conhecer a tecnologia, o professor do século XXI deve saber administrar uma sala de aula, arrebatar os corações e mentes dos alunos e engajá-los na resolução de problemas complexos usando a tecnologia.

Autoavaliação

O peso da autoavaliação é um dos pontos que mais preocupam especialistas. Muitas escolas adotam o processo e esperam que os estudantes reflitam sobre sua postura em sala, se atribuam notas, ou discutam seu desempenho com os professores. As formas variam, mas a autoavaliação tem feito cada vez mais parte do ambiente escolar, sob o argumento de ser uma prática formativa. Em grandes empresas, ao final de cada etapa de um trabalho, os funcionários são obrigados a fazer a autoavaliação – devem refletir sobre seu próprio desempenho e se preparar para uma discussão de resultados com seus gestores, apontando seus erros e acertos e traçando estratégias e planos de carreira.

Enquanto o método busca a eficiência na rotina empresarial, na escola ainda se questionam quais são seus limites e resultados efetivos.

A avaliação é, em si, intrínseca ao universo pedagógico. O método, de papel fundamental para os educadores, foi implementado no ambiente escolar a partir do século XVIII. Na contemporaneidade, porém, a avaliação acabou ultrapassando os muros da escola. Cada um faz julgamentos sobre o outro e sobre si mesmo. Essa prática do dia a dia foi incorporada também pelo mundo corporativo. Crianças, porém, não são adultos enfrentando as estruturas do mercado de trabalho. Muitos que passam pela experiência sentem desconforto.

Muitos defendem que a participação do aluno no processo de avaliação é fundamental e inerente à rotina escolar. É inegável que o processo reflexivo tem sua importância, todavia é necessário dar ferramentas e caminhar junto ao aluno para que ele amadureça e possa, dia a dia, tomar consciência sobre seu aprendizado de um jeito espontâneo, sem pressão.

O problema é que algumas escolas se limitam a oferecer ferramentas isoladas, como formulários com perguntas sobre desempenho e comportamento com o intuito de guiar os alunos e fazê-los refletir sobre esses aspectos apenas em datas determinadas. Essa burocratização é ruim. Fichas preenchidas em troca de notas estão na contramão do desenvolvimento e da autonomia moral e intelectual. Isso pode causar um sério prejuízo à autoestima do jovem. Trata-se de uma questão ética.

Como medir a honestidade do aluno em suas respostas? Há relatos de casos de alunos que acreditam que têm ótimos desempenhos, mas têm medo de expressarem satisfação por seu desempenho, por imaginarem que o professor tem uma visão inferiorizada deles.

Na última década, cerca de 200 casos de alunos com dificuldade de aprendizagem foram acompanhados por meio do Programa de Assessoria em Avaliação Educacional – realizado com diferentes grupos de docentes de todo o Brasil, de redes de escolas públicas e privadas. A conclusão é a de que os alunos que não recebem uma boa orientação não são capazes de enxergar com clareza suas dificuldades e pontos positivos, nem seu desenvolvimento intelectual e moral.

Na busca pela equação do equilíbrio, a regra é basear as ações no diálogo entre alunos e professores. A discussão passa ainda pelo campo do autoconhecimento e da autonomia. O estudante deve participar o tempo todo, desde o primeiro dia de aula, a partir de processos interativos que sejam divertidos para os pequenos, que tragam desafios cognitivos, apontando suas conquistas, ouvindo suas perguntas e deixando-os curiosos sobre seus avanços. Ou seja, o professor deve exercer papel de intercessor, fazendo, gradativamente, o aluno tomar consciência de seu processo de aprendizado.

Crianças e adolescentes devem se deparar frequentemente com suas habilidades, competências e defasagens, sempre guiadas pelo orientador. Processos fixos, que cumpram uma tabela, não são a melhor opção. Procedimentos formais e burocráticos funcionam bem para empresas, mas na escola essa iniciativa deve ser mais desprendida. Os alunos devem ser participativos em seu processo educativo para que sejam capazes de tomar decisões no futuro, entretanto, isso só vai acontecer em ambientes generosos com o estudante, quando ele percebe atitudes positivas dos professores frente a seus erros e tentativas. A responsabilidade e a curiosidade do aluno não sobrevivem a processos autoritários e diretivos de ensino e avaliação.

O ensino da literatura

Na análise da Base Nacional Comum Curricular (BNCC), deve-se prestar muita atenção ao conteúdo das matérias – e o ensino da literatura precisa ser devidamente considerado.

Observa-se na realidade brasileira que a crítica literária goza hoje de menos prestígio, por motivos que não são claros. Até meados do século XX ainda havia certo fervor, mas isso foi decrescendo. A prova disso é a drástica redução da presença da crítica literária nos jornais existentes. Até mesmo *O Globo*, de tamanha tradição, reduziu o seu caderno Prosa e Verso a menos de duas páginas semanais, o que seria impensável há 50 anos. Feiras, prêmios e lançamentos têm o seu espaço, mas a crítica literária cedeu lugar aos crescentes espetáculos audiovisuais. Menos lugar para a literatura, embora seja graças a ela que podemos apreciar grandes textos no cinema, no teatro e na TV.

Como valorizar o ato de pensar com o decréscimo do interesse pela literatura? Será com ela presente ostensivamente no currículo que se vai elevar o nível dos alunos, hoje uma reivindicação dos nossos educadores.

Escrever cada vez mais parece plenamente justificável, se essa verdade for bem compreendida pelos mestres.

Devem eles estimular a leitura no espírito dos seus alunos, pois esse é o começo de tudo. Quem lê muito escreve melhor. Por essa razão, temos criado uma série de iniciativas culturais de grande sucesso, como as maratonas escolares, que se realizam no sistema municipal de ensino do Rio de Janeiro. São concursos de redação, tendo como mote a biografia de grandes imortais da Academia Brasileira de Letras, com uma participação bastante expressiva dos alunos das séries mais elevadas do Ensino Fundamental.

A metodologia de ensino tradicional de Literatura, como disciplina, no Ensino Médio, focava-se na periodização literária, no acúmulo de teoria. Não estimula, dessa forma, o jovem estudante a pensar. A matéria deveria ter como premissa primordial formar leitores críticos.

Será preciso uma reestruturação do ensino da disciplina nos currículos a serem elaborados pelas escolas, objetivando o desenvolvimento crítico do pensamento, tão importante para facilitar a argumentação nas redações propostas pelo Enem. Textos contemporâneos, mais próximos da realidade dos alunos, romperiam o bloqueio inicial que se cria ao apresentar a Literatura ao estudante a partir, por exemplo, de obras do trovadorismo, classicismo, barroco etc.

Fazendo um caminho contrário, partindo do mais contemporâneo, o professor poderia vir a conquistar o aluno e, após certa maturidade de leitura, este teria bagagem para ler uma obra clássica, compreender e apreciar, ou renegar, mas já com argumentos sólidos para isso.

É imprescindível que o professor abandone o preconceito destinado a certos tipos de leitura. Não se deve ter preconceito quando um jovem manifesta interesse por um tipo de livro. Qualquer livro é melhor do que livro nenhum. Um exemplo: a crença de que jovens se assustam com livros grandes, com muitas páginas, foi por água abaixo quando começou o fenômeno *Harry Potter*. Pode, quem quiser, falar mal do bruxinho inglês, mas a verdade é que ele fez muitos meninos e meninas perderem o medo de ter na mão um livro de trezentas páginas ou mais. Daí a chegar ao *Guerra e paz* é um passo.

A partir de um necessário amadurecimento como leitor, o aluno terá condições de ler, compreender e apreciar outras obras literárias, consideradas por ele, a princípio, mais complexas e, dessa maneira, estabelecer as relações para o entendimento da história da Literatura, verificando que não existe uma separação, propriamente dita, da obra, do autor e do contexto histórico-social, tendo em vista que eles se complementam na análise literária.

O Brasil detém uma das piores posições no ranking dos não leitores em todo o mundo. Dados oficiais informam que no país se lê pouco; a população de leitores, embora cresça em números absolutos, mantém-se estável em números relativos. Significa afirmar que, no último ano, o público leitor cresceu para 71,9 milhões, mas os livros não passaram de 3,1 exemplares por pessoa/por ano. Ou seja, no universo dos letrados não se consegue ler sequer quatro livros por ano. Não se criou o gosto pela leitura.

A escola tem poder para promover essas mudanças e fazer da leitura um instrumento de libertação. Considerando que o país vive a triste dicotomia – "escolas do século XIX, professores com recursos do século XX e alunos conectados com o século XXI" – percebe-se o despreparo de instituições para envolver e canalizar ações pedagógicas eficazes.

A rapidez – um dos preceitos da cultura contemporânea – inclui também, como nota Calvino, o retardamento. Um olhar que, como na pintura, se demora. Agilidade combina com divagação, o saltar de um assunto a outro. A digressão é uma multiplicação do tempo. A literatura deve levar em conta este "tempo que flui sem outro intento que o de deixar as ideias e sentimentos se sedimentarem, amadurecerem, libertarem-se de toda impaciência e de toda contingência efêmera".

Com a modernização e a facilidade de acesso à informação, é urgente a necessidade de reformular o ensino. Uma inovação que merece nossa atenção é a *flipped classroom* (sala de aula invertida), que propõe que os alunos estudem os conteúdos antes das aulas, utilizando vídeos, games ou outros recursos. O professor fica mais concentrado na tarefa de tirar dúvidas, o que aumenta a eficácia das aulas.

No formato de sala de aula invertida, o professor grava vídeos de curta duração (5 a 15min) em que apresenta os conceitos fundamentais de um determinado conteúdo. Os alunos, respeitando o ritmo individual, assistem às apresentações fora da sala e do período de aula. No encontro seguinte, os estudantes usam os conceitos apresentados no vídeo para solucionar problemas, com a ajuda do professor e de seus colegas. Assim, o que é entendido como aula no esquema tradicional (a exposição de conceitos) transforma-se em "lição de casa", e a resolução de questões para aprofundamento e sistematização, antes feita em casa, passa a ser uma das atividades em sala de aula.

Matemática

A matemática faz parte da nossa vida. Saber interpretar as informações numéricas do dia a dia nos permite fazer melhores escolhas. Buscar estratégias para melhorar o ensino da matéria e, principalmente, ajudar os alunos com dificuldades nessa disciplina é um dos grandes desafios da educação. A matemática é essencial para outras disciplinas, como física e química. O desinteresse precoce pelos números pode refletir em déficit de inovação tecnológica no futuro.

Pesquisas conduzidas nos Estados Unidos e no Canadá indicam que competências matemáticas abaixo da média nos anos iniciais da escolarização estão associadas a risco elevado de que essas habilidades não melhorem no término dos anos escolares. Esse fator isolado mostrou mais influência na determinação do mau desempenho em matemática do que a família, habilidades socioemocionais, inteligência e leitura. A identificação precoce de crianças em risco para dificuldades para a aprendizagem da matemática é crítica.

Os alunos brasileiros ficaram no 58º lugar em matemática entre os 65 países e territórios analisados no último estudo Pisa. Dos alunos brasileiros com 15 e 16 anos – ou seja, os últimos anos de escolarização –, 67,1% estão abaixo do nível 2 em matemática, com baixa *performance* na disciplina. Apenas 0,8% atingiu os níveis 5 e 6 na disciplina, os mais altos. Comparando, mais da metade dos estudantes de Xangai, na China, primeiro país do ranking, estão nesses níveis, que demandam capacidade de análises muito complexas.

A Organização para a Cooperação e Desenvolvimento Econômico (Ocde) considera que os alunos que ficam abaixo do nível 2 nas disciplinas analisadas (matemática, leitura e ciências) terão dificuldades na escola e, mais tarde, no mercado de trabalho, e poderão não ascender socialmente.

A neurociência cognitiva oferece indicações para que o professor e a escola possam combater o estigma de disciplina complexa e tornar as aulas de matemática mais motivadoras e eficazes.

A neurociência cognitiva é um campo interdisciplinar – envolve conhecimentos da genética, da biofísica, da neurociência computacional, entre outras – que investiga potenciais substratos neurais para processos mentais. Dentro dessa abordagem se desenvolvem as pesquisas sobre cognição numérica; isto é, as bases cognitivas e neurais dos números e da matemática.

Humanos e alguns animais compartilham uma habilidade básica de perceber e comparar quantidades não simbólicas de itens, comumente denominada "numerosidade". Pombos, por exemplo, conseguem organizar conjuntos numéricos de até nove itens, de acordo com estudo publicado na *Science* – habilidade que por muito tempo foi reconhecida apenas em primatas.

Em humanos, essas habilidades básicas são o alicerce para a construção de futuras representações numéricas simbólicas. Essa construção – ou seja, para que crianças e adultos usem com precisão numerais, símbolos e quantificadores linguísticos – demanda instrução ao longo do desenvolvimento. Existem vastas evidências de que as competências numéricas nos primeiros anos de vida são preditivas da aprendizagem matemática nos anos escolares.

As habilidades numéricas básicas já deveriam estar bem consolidadas ao término do ciclo de alfabetização, por volta do 3º ano do Ensino Fundamental. A partir desse momento, as dimensões cognitivas que vão predizer o desenvolvimento de competências acadêmicas matemáticas no futuro são menos claras. Diversos estudos sugerem alguns substratos para a cognição matemática: memória de trabalho, linguagem e velocidade de processamento da informação. Algumas pesquisas enfatizam que a capacidade de decodificação fonológica (entendimento dos sons da fala) também contribui diretamente para o desenvolvimento das habilidades simbólicas da matemática.

Sabe-se que, para a criança avançar na aprendizagem da matemática, é necessário garantir uma sólida representação numérica nos anos iniciais do ensino.

Estudos sobre o ensino de matemática com bons resultados têm demonstrado a importância de haver um equilíbrio entre entender e dominar conceitos e desenvolver a fluência aritmética e de cálculo por meio de treino. As redes neuronais que dão suporte à cognição numérica e matemática estão todas integradas e se retroalimentam.

O ensino explícito, dirigido e de boa qualidade é a forma mais eficiente de promover o desenvolvimento da competência matemática para todos os alunos. Existe clara evidência de que o cérebro é plástico o suficiente para que sejam justificados esforços de instrução e intervenção permanentes e sistemáticas para alunos que enfrentam dificuldades persistentes para aprender matemática.

Um exemplo de contribuição da pesquisa em neurocognição para a educação matemática é a validação do "contar nos dedos" para o aprendizado de representações numéricas. Embora ainda exista uma crença de que esse método é um obstáculo à abstração simbólica, a literatura em neurocognição sugere que as representações numéricas proprioceptivas que envolvem todo o corpo, inclusive os dedos, são fundamentais para o desenvolvimento das habilidades numéricas básicas. Essa informação se aplica à instrução de todos os alunos, mas ela se torna prioritária nos casos dos alunos com discalculia, um transtorno específico de aprendizagem que impede ou impacta severamente a aprendizagem das habilidades numéricas básicas e, consequentemente, o desenvolvimento da fluência com os fatos numéricos.

Para crianças e adultos que não desenvolveram uma representação do número eficaz, o recurso às estratégias proprioceptivas, incluindo o uso dos dedos para contar, significa uma aquisição prioritária, e não apenas um mecanismo de transição para a representação exclusivamente mental dos números. Esse é um exemplo de como o estudo das estruturas neurais pode ajudar a informar a educação matemática.

Podemos pensar o ensino de matemática sobre o seguinte o tripé: engajar o aluno, garantir instrução explícita e sistemática e desenvolver a fluência na evocação dos fatos numéricos.

Entender o desenvolvimento do cérebro e da mente dos alunos é fundamental para informar a reflexão dos educadores sobre suas práticas. Múltiplos níveis de análise são possíveis. Por exemplo, o mau desempenho de um aluno numa prova pode ser explicado pelo seu comportamento desatento na sala de aula, que por sua vez está relacionado aos sistemas do cérebro que envolvem redes neuronais e neurônios específicos, além da participação de neurotransmissores, mensageiros químicos que possibilitam a comunicação entre neurônios, como a dopamina. Toda essa cadeia pode estar relacionada tanto ao ambiente da sala de aula quanto ao genoma do aluno, ou, ainda, a uma combinação entre os dois. Precisamos, pois, estabelecer pontes entre os laboratórios e as salas de aula, cuidando para que as traduções das pesquisas para as possíveis aplicações à educação não sejam reducionistas e contribuam para uma compreensão integrada da ciência da mente, cérebro, educação e aprendizagem.

30

Ética religiosa

A Lei de Diretrizes e Bases da Educação (LDB) determina que o ensino religioso tenha oferta obrigatória nas escolas de Ensino Fundamental do país, mas sua matrícula é optativa, ficando a cargo dos pais decidir se os filhos farão ou não a disciplina. A prerrogativa garante o respeito à diversidade religiosa.

A decisão do Supremo Tribunal Federal (STF) de manter a oferta do ensino religioso confessional nas escolas públicas gerou um forte debate na sociedade, com polarização sobre o tema.

O mais importante nesta discussão, no meu entendimento, deveria ser questionar a qualidade do conteúdo a ser ministrado e o preparo de quem o leciona. Antes de entrar no currículo, o ensino religioso precisa ser rigorosamente avaliado por educadores que tenham em mente a relatividade de seus modelos, sem desdobrá-los para o caráter dogmático das narrativas hegemônicas.

Levar religião às escolas é uma preciosa janela para a cultura, desde que o ensino religioso seja ministrado por educadores preparados. As religiões, cada uma à sua maneira, carregam tradições e aspectos positivos intrínsecos, marcando uma presença afirmativa na construção de valores éticos. O amor ao próximo, o cuidado com a natureza, a compaixão, a solidariedade e a justiça são virtudes que preservam nossa esperança na construção das utopias. Somar positividades nos faz crer num futuro melhor.

Reconhecendo a vulnerabilidade do nosso sistema educacional, é natural o levantamento crítico da questão. Mas acredito ter a presença da alternativa desta disciplina um fator positivo. Os valores e ideais que a religião oferece são públicos, constitutivos de uma sociedade. Permitir o acesso a um conhecimento, seja ele qual for, é sempre positivo.

A escola é o lugar para a conquista e o desenvolvimento intelectual e moral. Isso quer dizer que crianças e adolescentes devem aprender e ser estimulados a analisar seus atos por meio da relação de respeito com o outro, compreendendo suas diferenças, as razões e as consequências de seus comportamentos. A laicidade do Estado não pressupõe ateísmo. A comunidade escolar é majoritariamente religiosa. É verdade que a escola não deve ser um espaço catequizador de nenhuma tradição religiosa. Mas seria a escola um espaço "descatequisador"?

O debate atual parte de um princípio, mas esquece de levantar o principal: aonde se quer, afinal, chegar? Quais são as prioridades deste ensino? A possibilidade de solidificar valores éticos e ampliar os vínculos coletivos através da espiritualidade devem ser temas transversais de todas as disciplinas escolares, tanto nas escolas públicas quanto nas particulares. Por que não vemos a mesma controvérsia na questão política e filosófica?

Quantos alunos têm sua fé questionada e até mesmo destruída por convicções filosóficas e políticas impostas por outros professores? Por que ninguém questiona o que é feito em aulas de Filosofia, História, Biologia ou Sociologia? O cerne da questão não é teológico: é doutrinário.

Temas transversais

A transcendência (sua luz é a fé), a ética e a solidariedade devem ser propagadas nos lares e nos templos religiosos, de forma prioritária, o que não impede que algo se faça também nas escolas, como desejam 60% dos alunos pesquisados pela CNBB (Conferência Nacional dos Bispos do Brasil), que defende o ensino religioso de caráter não confessional. Assim é possível dar à religião (do latim *religare*) o sentido etimológico de relação dos homens com o Todo-poderoso ou dos homens entre si, pelos laços da fraternidade.

Devem ser incluídos nos currículos, sem fugir da realidade de cada escola: ética, saúde, orientação sexual, meio ambiente, trabalho e consumo e pluralidade cultural. São os chamados *temas transversais*.

Os objetivos educacionais deverão priorizar a formação ética e o desenvolvimento da autonomia intelectual e do pensamento crítico dos jovens, em particular, e de todos nós, em geral.

Os avanços tecnológicos nos dão a medida exata de que a memorização de conhecimentos é, atualmente, injustificável, pois o próprio conhecimento é rapidamente superado por outro mais novo, tornando aquilo que se aprendeu ontem, velho e obsoleto. O que devemos esperar é que os estudantes desenvolvam competências básicas que lhes darão condições de continuar aprendendo e transferindo seus conhecimentos para situações reais do dia a dia de suas vidas.

31.1 Sapiência

Segundo o escritor israelense Yuval Noah Harari, muito elogiado no mundo todo, sobretudo depois do sucesso do seu livro *Sapiens*, há 100 mil anos pelo menos seis espécies de humanos habitavam a Terra. Hoje, existe um único: nós, os *homo sapiens*. No mundo moderno, a arte normalmente é associada às emoções humanas. Hoje, com a existência do procedimento computacional é possível *hackear* o amor, o ódio, o tédio e a alegria. Quem poderia pensar nisso há 50 ou 60 anos?

Harari afirmou que a maioria das pessoas tem dificuldade para digerir ciência moderna porque sua linguagem matemática é de difícil entendimento ao nosso intelecto e suas descobertas muitas vezes contrariam nosso senso comum. "Dos 7 bilhões de pessoas no mundo, quantas entendem realmente mecânica quântica, biologia celular ou macroeconomia?" – pergunta o autor do consagrado *bestseller*, ao mesmo tempo que faz uma consideração digna de todo respeito: "Presidentes e generais podem não entender de física nuclear, mas entendem o que as bombas nucleares são capazes de fazer". Daí o receio causado pelos experimentos da Coreia do Norte, num exercício de perigosas consequências.

A ciência, a indústria e a tecnologia militar só se entrelaçam com o advento do sistema capitalista e da Revolução Industrial. Assim que se consolidou, essa relação transformou o mundo rapidamente.

Nessa era técnica em que vivemos, muita gente se convenceu de que a ciência e a tecnologia têm resposta para tudo. Se deixarmos cientistas e técnicos trabalharem livremente, será que eles criarão aqui na terra o céu com que sonhamos?

Segundo Harari, "a ciência é incapaz de estabelecer suas próprias prioridades. Também é incapaz de determinar o que fazer com suas descobertas. Por exemplo, não está claro o que podemos fazer com a compreensão cada vez maior da genética. Curar o câncer ou criar uma raça de super-homens geneticamente modificados"

A pesquisa científica só pode florescer se aliada a alguma religião ou ideologia. Para ambas, a ética é essencial.

Depois do *best-seller* internacional, publicado em mais de 40 países, o novo êxito literário de Harari é o seu "*Homo Deus* – uma breve história do amanhã", em que trata as questões da humanidade e do mundo moderno. Certamente repetirá o sucesso do livro anterior. Mostra que a guerra se tornou obsoleta e que a morte é apenas um problema técnico. Para entender quem somos e descobrir para onde vamos, combina ciência, história e filosofia, sem descurar do nosso passado e das nossas origens. O pesquisador de história pela Universidade de Oxford e professor da Universidade Hebraica de Jerusalém dá sinais animadores sobre o futuro da humanidade, com o avanço da genética e as implicações éticas das mudanças que estão ocorrendo. A leitura da sua obra se tornou indispensável para os estudiosos do mundo inteiro.

O que representará a existência de uma inteligência artificial que gerencie aspectos relevantes da vida e da sociedade? No mundo dominado por algoritmos, até que ponto o livre-arbítrio será importante para as futuras gerações? Harari, com os seus estudos, observa o passado de forma rigorosamente original. E assim ajuda a desvendar os próximos passos da evolução da humanidade.

No seu *Homo Deus*, Harari afirmou que "no início do século XXI, o trem do progresso está novamente saindo da estação e provavelmente será o último a deixar a estação chamada *homo sapiens*. Os que perderem esse trem jamais terão uma segunda oportunidade". E vem aí o chamamento para o estudo:

> Para conseguir um assento, você tem de entender a tecnologia do século XXI, particularmente os poderes da biotecnologia e dos algoritmos de computação. Esses poderes são muito mais potentes do que o vapor e o telégrafo e não serão usados apenas para produzir alimentos, têxteis, veículos e armas. Os principais produtos do século XXI serão corpos, cérebros e mentes, e o abismo entre os que sabem operar a engenharia e corpos e cérebros e os que não sabem será muito maior do que aquele entre a Grã-Bretanha de Dickens e o Sudão do Mahdi. Na verdade, será maior do que a brecha entre o sapiens e os neandertais.

E conclui o grande pensador israelense: "Neste século, os que viajam no trem do progresso vão adquirir aptidões divinas de criação e destruição, enquanto os que ficarem para trás enfrentarão a extinção".

Pode-se inferir que os humanos estejam empenhados em alcançar a imortalidade, a felicidade e a divindade.

São os ideais tradicionais do humanismo liberal. As novas tecnologias pós-humanistas ajudarão a calcular ou projetar o nosso futuro, com as surpresas possíveis, quando o *homo sapiens* perder o controle que hoje detém, e se assinalar o avanço de elementos como a biotecnologia e a inteligência artificial. E ficará a dúvida: qual a religião que substituirá o humanismo?

31.2 Antropoética

Segundo o livro *Os sete saberes necessários à educação do futuro*, do sociólogo francês Edgar Morin (1921-), é primordial desenvolvermos uma ética do gênero humano para que possamos superar o estado de caos. O pensador afirma que, para fazer com que a terra se torne uma verdadeira pátria, são sete os saberes necessários a aprendermos:

> Não temos que destruir disciplinas, mas temos que integrá-las, reuni-las umas às outras em uma ciência como as ciências estão reunidas, como, por exemplo, as ciências da terra, a sismologia, a vulcanologia, a meteorologia, todas elas, articuladas em uma concepção sistêmica da terra. Penso que tudo deve estar integrado, para permitir uma mudança de pensamento que concebe tudo de uma maneira fragmentada e dividida e impede de ver a realidade. Essa visão fragmentada faz com que os problemas permaneçam invisíveis para muitos, principalmente para muitos governantes.

Os sete saberes necessários à educação do futuro, segundo Morin, não têm nenhum programa educativo escolar ou universitário. Não estão concentrados no primário, nem no secundário, nem no ensino universitário, mas abordam problemas específicos para cada um desses níveis que precisam ser apresentados. Dizem respeito aos "sete buracos negros da educação", subestimados nos programas educativos, de acordo com o sociólogo.

O primeiro buraco negro se refere ao conhecimento: "nunca se ensina o que é o conhecimento; o problema-chave do conhecimento é o erro e a ilusão".

Ao examinarmos as crenças do passado, concluímos que a maioria delas contém erros e ilusões. O conhecimento nunca seria um reflexo ou espelho da realidade. O conhecimento é sempre uma tradução, seguida de uma reconstrução. Toma o exemplo da percepção constante que é a imagem do ponto de vista da retina: as pessoas que estão perto, parecem muito maiores do que aquelas que estão mais distantes, pois, a distância, o cérebro não registram e reconstituem uma dimensão idêntica para todas as pessoas, assim como os raios ultravioletas e infravermelhos que nós não vemos, mas sabemos que eles estão aí e nos impõem uma visão segundo as suas incidências. Portanto, temos percepções – ou seja, reconstruções –, traduções da realidade, e toda tradução comporta o risco de erro, como dizem os italianos: *traduttore, traditore!* (tradutor, traidor).

O segundo buraco negro, de acordo com Morin, é que não ensinamos as condições de um conhecimento pertinente; isto é, de um conhecimento que não mutila o seu objeto:

> Nós seguimos em primeiro lugar, um mundo formado pelo ensino disciplinar e é evidente que as disciplinas de toda ordem que ajudaram o avanço do conhecimento são insubstituíveis, o que existe entre as disciplinas é invisível e as conexões entre elas também são invisíveis, isto não significa que seja necessário conhecer somente uma parte da realidade, é preciso ter uma visão que possa situar o conjunto.

É necessário dizer que não é a quantidade de informações, nem a sofisticação em Matemática que podem dar sozinhas um conhecimento pertinente, é mais a capacidade de colocar o conhecimento no contexto.

A economia, que é das ciências humanas, a mais avançada, a mais sofisticada, tem um poder muito fraco e erra muitas vezes nas suas previsões, porque está ensinando de um modo que privilegia o cálculo e esquece todos os outros fatores, os aspectos humanos; sentimento, paixão, desejo, temor, medo. Essa realidade social é multidimensional, o econômico é uma dimensão dessa sociedade, por isso, é necessário contextualizar todos os dados.

Se não houver os conhecimentos históricos e geográficos para contextualizar, cada vez que aparece um acontecimento novo que nos faz descobrir uma região desconhecida, como o Kosovo, o Timor ou Serra Leoa, não entendemos nada. Portanto, o ensino por disciplina, fragmentado e dividido, impede a capacidade natural que o espírito tem de contextualizar, é essa capacidade que deve ser estimulada e deve ser desenvolvida pelo ensino de ligar as partes ao todo e o todo às partes. Pascal dizia, já no século XVII, e que ainda é válido: "Não se pode conhecer as partes sem conhecer o todo, nem conhecer o todo sem conhecer as partes".

O contexto tem necessidade, ele mesmo, de seu próprio contexto e, atualmente, o conhecimento deve se referir ao global. O global sendo, bem entendido, a situação de nosso planeta, onde, evidentemente, os acidentes locais têm repercussão sobre o conjunto e as ações do conjunto sobre os acidentes locais, o que foi comprovado depois da guerra do Iraque, da guerra da Iugoslávia e do conflito do Oriente Médio.

O terceiro aspecto é a identidade humana:

> É curioso que nossa identidade seja completamente ignorada pelos programas de instrução. Podemos perceber alguns aspectos do homem biológico em Biologia, alguns aspectos psicológicos em Psicologia, mas a realidade humana é indecifrável. Somos indivíduos de uma sociedade e fazemos parte de uma espécie. Mas estamos em uma sociedade e a sociedade está em nós, pois desde o nosso nascimento a cultura se imprime em nós. Nós somos de uma espécie, mas ao mesmo tempo a espécie é em nós e depende de nós. Se nos recusamos a nos relacionar sexualmente com um parceiro de outro sexo nós acabamos com a espécie. Portanto, o relacionamento entre indivíduo-sociedade-espécie é como a trindade divina, um dos termos gera o outro e um se encontra no outro. A realidade humana é trinitária.

Para Morin,

> é preciso ensinar a unidade dos três destinos, porque somos indivíduos, mas como indivíduos somos cada um, um fragmento da sociedade e da espécie *homo sapiens* a qual pertencemos, e o importante é que somos uma parte da sociedade, uma parte da espécie, seres desenvolvidos sem os quais a sociedade não existe, a sociedade só vive dessas interações.

Morin explica que isso nos permite entender a nossa realidade, nossa diversidade e singularidade. Chegamos, então, ao ensino da literatura e da poesia, elas não devem ser consideradas como secundárias e não essenciais:

> A literatura é para os adolescentes uma escola de vida e meio para se adquirir conhecimentos. As ciências sociais veem categorias e não indivíduos sujeitos a emoções, paixões e desejos. A literatura, ao contrário, como nos grandes romances de Tolstoi, aborda o meio social, o familiar, o histórico e o concreto das relações humanas com uma força extraordinária.

As telenovelas também falam sobre problemas fundamentais do homem; o amor, a morte, a doença, o ciúme, a ambição, o dinheiro, elementos necessários para entender que a vida não é aprendida somente nas ciências formais e a literatura tem a vantagem de refletir a complexidade do ser.

Devemos fazer convergir todas as disciplinas conhecidas para identidade e para a condição humana, ressaltando a noção de *homo sapiens*; o homem racional e fazedor de ferramentas, que é, ao mesmo tempo, louco e está entre o delírio e o equilíbrio no mundo da paixão em que o amor é o cúmulo da loucura e da sabedoria: "O homem não se define somente pelo trabalho, mas pelo jogo".

O quarto aspecto é sobre a compreensão humana:

> Nunca se ensina sobre compreender uns aos outros, como compreender nossos vizinhos, nossos parentes, nossos pais. A palavra compreender vem de *compreendere* em latim, que quer dizer: colocar junto todos os elementos de explicação, quer dizer, não ter somente um elemento de explicação, mas diversos.

O quinto aspecto é a incerteza, apesar de serem ensinadas somente as certezas: a gravitação de Newton, o eletromagnetismo: "Atualmente, a ciência abandonou determinados elementos mecânicos para assimilar o jogo entre certeza e incerteza da microfísica às ciências humanas". É necessário mostrar em todos os domínios sobretudo na história o surgimento do inesperado. Eurípides dizia no fim de três de suas tragédias que: "os deuses nos causam grandes surpresas, não é o esperado que chega e sim o inesperado que nos acontece".

As ciências mantêm diálogos entre dados sobre os quais se podem basear para dados hipotéticos, outros dados que parecem mais prováveis e os incertos. A evolução segundo Darwin foi uma evolução composta de ramificações a exemplo do mundo vegetal e o mundo animal.

O sexto aspecto é a condição planetária, sobretudo na era da globalização no século XX, que começou, na verdade no século XVI com a colonização da América e a interligação de toda a humanidade, esse fenômeno que estamos vivendo hoje em que tudo está conectado, é um outro aspecto que o ensino ainda não tocou, assim como o planeta e seus problemas, a aceleração histórica, a quantidade de informação que não conseguimos processar e organizar:

> Este ponto é importante porque estamos num momento em que existe um destino comum para todos os seres humanos, pois o crescimento da ameaça letal como a ameaça nuclear se expande em vez de diminuir, a ameaça ecológica, a degradação da vida planetária. Ainda que haja uma tomada de consciência de todos esses problemas, ela é tímida e não conduziu a nenhuma decisão efetiva, por isso, devemos construir uma consciência planetária.

Conhecer o nosso planeta é difícil: os processos de todas as ordens, econômicos, ideológicos, sociais estão de tal maneira imbricados e são tão complexos que é um verdadeiro desafio para o conhecimento. Já é difícil saber o que acontece no plano imediato. É preciso mostrar que a humanidade vive agora uma comunidade de destino comum.

O último aspecto é o que o sociólogo francês chama de antropoético, porque os problemas da moral e da ética diferem entre culturas e na natureza humana:

> Existe um aspecto individual, social e genérico, diria de espécie, uma espécie de trindade em que as terminações são ligadas: a antropoética, a ética que corresponde ao ser humano desenvolver e ao mesmo tempo, uma autonomia pessoal – as

nossas responsabilidades pessoais – e desenvolver uma participação social – as responsabilidades sociais – e a nossa participação no gênero humano, pois compartilhamos um destino comum.

A antropoética tem um lado social que não tem sentido se não for na democracia, porque na democracia o cidadão deve se sentir solidário e responsável e permite uma relação indivíduo-sociedade. A democracia em princípio deve controlar, o controlado passa a controlar quem controlava e deve tomar para si responsabilidades por meio de eleições o que permite aos cidadãos exercerem suas responsabilidades. Evidentemente, não existe democracia absoluta, ela é sempre incompleta, mas sabemos que vivemos em uma época de regressão democrática porque existe, cada vez mais, o poder tecnológico que agrava os problemas econômicos, mas na verdade, é importante orientar e guiar essa tomada de consciência social que leva à cidadania para que o indivíduo exerça sua responsabilidade.

Por outro lado, está se desenvolvendo a ética do ser humano com as associações não governamentais, como os Médicos Sem Fronteiras, o *Green Peace*, a Aliança pelo Mundo Solidário e tantas outras que trabalham acima de denominações religiosas, políticas ou de estados nacionais, assistindo aos países ou às nações que estão sendo ameaçadas ou em graves conflitos: "Devemos conscientizar todos dessas causas tão importantes, pois estamos falando do destino da humanidade", afirma Edgar Morin.

Dificuldades de aprendizagem

Na Organização para a Cooperação e Desenvolvimento Econômico (Ocde), 30% dos alunos de Matemática, Leitura e Ciência apresentam dificuldades de aprendizagem em pelo menos uma dessas áreas. Esses números permanecem inalterados há cerca de duas décadas, embora escolas desses países tenham recebido um computador para cada dois alunos. Isso prova que temos de aperfeiçoar o emprego dessas tecnologias, para evitar o desperdício. Aconselha-se utilizar uma aprendizagem personalizada e digital. É o caminho do sucesso, para evitar que se ampliem as desigualdades na educação. O chamamento visa especialmente à consciência dos professores.

O Fórum Nacional de Aprendizagem Profissional reconhece que houve significativas alterações desde o advento da Lei n. 10.097/2000, que modificou a Consolidação das Leis do Trabalho (CLT). Num país que está com 12,3 milhões de desempregados, é importante cuidar da demanda de adolescentes por profissionalização, exigindo ações integradas entre o Estado e a sociedade civil, a partir de um novo conceito de aprendizagem.

Reconhece o Fórum que a qualificação antes atrelada à formação de mão de obra passou a ser mais abrangente.

Pede-se um programa com foco na formação integral do aprendiz.

Dentre as principais inovações da Lei n. 10.097/2.000, podemos citar a extensão da obrigatoriedade do cumprimento da cota de aprendizes, de 5% a 15% dos trabalhadores em funções que demandam formação profissional, e também a inclusão das escolas técnicas e entidades sem fins lucrativos, que tenham por objetivo a assistência ao adolescente e a educação profissional. Esse item chama para o setor da educação os cuidados com o ensino técnico, o que exigirá uma série de providências fundamentais para que tudo dê certo.

Já a caminho dessas alterações, nos últimos anos, quase 3 milhões de jovens foram beneficiados, caracterizando o processo por dois aspectos essenciais: a interiorização e a democratização do acesso, com a implantação de inúmeros polos no interior dos estados.

Isso tudo envolve a inclusão da aprendizagem na área do desporto e a criação do sistema de cotas sociais, por meio de novo instrumento legal, que é o Decreto n. 8.740/2016. Sem dúvida, podemos concordar com o fato de que a Lei da Terceirização e a prometida Reforma do Ensino Médio podem ensejar modificações em todos esses propósitos, mas eles não trarão efeitos negativos se forem analisados sob o prisma da aprendizagem correta, como se deve fazer.

O que é indiscutível é que há uma crescente demanda de mão de obra qualificada. O que torna a profissionalização prioritária, valorizando a escolaridade e a aprendizagem. Queremos ampliar as oportunidades de emprego digno, com o indispensável crescimento econômico de que carece a nação. Na verdade, queremos alcançar o pleno emprego para homens e mulheres, inclusive para jovens com deficiência, até o ano de 2030, com remuneração igual para trabalhos de igual valor. Todos devemos nos empenhar no alcance dessa instrumentação de justiça social.

Prioridade

A educação de que o Brasil precisa, certamente é prioridade nacional, que requer a mobilização de todos que vislumbram um país melhor, formando cidadãos éticos e de moral ilibada.

Devemos enfatizar o descontentamento com o quadro atual, de uma situação nitidamente precária. São necessários recursos apreciáveis para que se viva os tempos de uma nova escola.

A produtividade do trabalho, muito baixa no Brasil, é também uma consequência da falta de políticas que procurem melhorar o desempenho da mão de obra no país. Isso se faz com o aperfeiçoamento da qualidade de ensino e de treinamento.

O mau desempenho dos estudantes brasileiros nas avaliações internacionais e os movimentos generalizados de greves de professores mostram a situação crítica do ensino no Brasil.

O resultado da forma com que o governo brasileiro vem tratando seus professores, alunos e funcionários veio em números. Dentre os 76 países avaliados pela Organização para Cooperação e Desenvolvimento Econômico (Ocde), o Brasil ficou em 60º, à frente dos países sul-americanos Argentina (em 62º), Colômbia (em

67º), e Peru (em 71º), que fazem parte das quinze últimas posições. No topo da tabela, sem nenhuma surpresa, estão os países asiáticos: em primeiro lugar Cingapura, seguido de Hong Kong e Coreia do Sul.

Discute-se hoje no Brasil o que são políticas públicas. Há uma pletora de significados, o que é compreensível, dada a diversidade cultural do nosso país. Uma coisa é certa: o emprego dos recursos financeiros disponíveis, que ainda são escassos, se faz de forma confusa. Querem um exemplo?

Nada menos de 21 estados brasileiros deixaram de aplicar R$ 1,2 bilhão no ensino básico, em 2009. A acusação é do Ministério da Educação. Esses recursos não foram repassados ao Fundeb (Fundo de Desenvolvimento da Educação Básica). Foram desviados para outras atividades, possivelmente menos prioritárias.

Não é pouco dinheiro: no Rio foram 28 milhões, mas em São Paulo a irregularidade foi superior a 600 milhões. Se isso acontece e é denunciado publicamente, pode-se inferir que a perda é da própria educação, no seu conjunto, pois estremece a convicção de que a principal prioridade do nosso país estaria isenta de equívocos lamentáveis.

As políticas públicas devem ser transparentes, para que sejam apoiadas de forma total, numa representação do que chamamos de vontade política de corrigir os rumos do setor que, atavicamente, sempre recebeu críticas, desde os primórdios do Brasil. Quando foi candidato à presidência da república, no início do século passado, Ruy Barbosa já reclamava do elevado número de analfabetos existentes. Se ele voltasse à vida e à política, hoje, o seu discurso seria atualizado somente em relação aos números.

Estratégias, táticas e ações, que configurem o planejamento a médio e longo prazos, requerem mudanças que ainda estão longe de acontecer. Quando citamos desenvolvimento de competências, gestão integrada ou gestão corporativa, para o devido compartilhamento de tarefas, na discutida relação ensino-aprendizagem, parece que atraímos expressões de outro planeta. É natural que o resultado desse atraso secular seja a reduzida satisfação de alunos e professores, comprometendo a necessária fidelização dos mesmos às escolas em que atuam.

Vestir a camisa passou a ser expressão somente do futebol, mas deve valer também para o mundo da educação, com vistas aos seus resultados. A má qualidade da educação pública opera a favor da condenável desigualdade social. É isso que devemos modificar, com a urgência possível.

Em tempos de Copa do Mundo torna-se nítida a observação do quanto a ética nas partidas difere entre os times de acordo com a educação e cultura de origem. Na Inglaterra, por exemplo, onde o esporte foi inventado, o jogo é mais limpo. As faltas dos jogadores, quando desleais, são vaiadas pelos torcedores do próprio time. Já na América Latina, se desenvolveram estilos de jogadas marcadas pela simulação, falsas quedas, trapaças para enganar o juiz, com total apoio da torcida. Um emblemático artigo do jornalista Nelson Motta questiona, ironizando:

> O que pode ser mais desleal, desonesto e antijogo do que um gol com a mão como fez Maradona, na Copa de 86? Ironicamente, contra a "ética" Inglaterra. Na Argentina e no Brasil, foi considerado mais uma prova de sua genialidade e de sua malandragem. Além de ser jogo para homem, o futebol também é jogo para espertos.

34

Esperança na inovação

Numa sociedade castigada pela corrupção, a esperança reside nos efeitos benéficos do emprego maciço da educação no processo ensino-aprendizagem. Na escola o aluno aprende a pensar. Essa é a sua função essencial: desenvolver a inteligência reflexiva. Ao focar a ética é impossível dissociá-la da educação e da qualidade das escolas.

As inovações tecnológicas potencializam o ensino-aprendizagem; as instituições de ensino não podem prescindir delas; o docente precisa ser estimulado ao uso dos novos recursos.

Ao longo da história a escola foi adaptando-se às novas tecnologias. Atualmente, temos diversas mídias educacionais. O grande desafio é saber utilizá-las de modo eficiente e permitir que elas contribuam com as práticas pedagógicas. Os ambientes que conseguiram reunir as condições materiais e os recursos humanos qualificados têm obtido bons resultados no processo de ensino-aprendizagem.

Na Alemanha, mais de 50% dos jovens cursam escolas que utilizam o sistema dual: os estudantes ficam parte do tempo nos bancos escolares e, outra, nos escritórios das empresas, combinando conhecimento teórico com a prática em 300 profissões. No Brasil, temos uma semente do sistema dual em fase experimental no Senai que, desde 2016, ministra cursos em parceria com empresas instaladas em São Paulo, Minas Gerais e Rio Grande do Sul. Os primeiros resultados mostram avanços notáveis na versatilidade dos alunos.

A boa educação prepara as pessoas para enfrentar o desconhecido no dia a dia. É preciso reconhecer o elevado papel social das novas tecnologias e tirar o máximo de proveito delas. É certo que a Base Nacional Comum Curricular (BNCC) abre uma nova fase na educação brasileira. Trata-se de um esforço do Estado brasileiro, prevista na Constituição, na Lei de Diretrizes e Bases da Educação Nacional e no Plano Nacional de Educação. Porém, para que transforme a vida de milhões de crianças e adolescentes, é necessária a estreita colaboração de todas as esferas de governo.

34.1 Futuro

No sentido da punição efetiva aos maus administradores e políticos, houve avanços no Brasil. Temos diversos órgãos de combate à corrupção, como Controladoria-Geral da União, Ministério Público, Judiciário, Polícia Federal, entre outros. Há duas décadas, eles não existiam ou não tinham recursos para fazer seu trabalho. Como exemplos, as leis da Ficha Limpa (Lei Complementar n. 135/2010), que tenta alijar das eleições os maus candidatos, e a Lei Anticorrupção (Lei n. 12.846), que pune empresas e seus dirigentes envolvidos em corrupção.

Em excelente artigo publicado no jornal *Correio Braziliense*, o ex-Presidente do Conselho de Administração do Centro de Integração Empresa-Escola de São Paulo, Ruy Altenfelder, aponta tais avanços como o "reconhecimento da ética como um dos pilares da construção da Modernidade, com desenvolvimento sustentável e população beneficiada ao máximo pelo bom uso dos recursos públicos, com planejamento eficiente e gestão correta dos projetos e das políticas públicas".

Impõe-se uma mudança radical na filosofia ético-política subjacente às estruturas institucionais e empresariais no Brasil contemporâneo; recolocar a vida como valor central da história do progresso, tarefa para muitos anos e muito trabalho que vai das bases populares às escolas, igrejas e centros tecnológicos.

Nesta virada de mentalidade e da consequente nova ordem brasileira devem estar empenhadas a educação, os agentes econômicos e sociais, organizações humanitárias, os partidos políticos, todos unidos no objetivo de se construir um novo país, que eleve o patamar da ética pública e da ética privada.

Ser correto e verdadeiro é condição essencial para o crescimento humano. Ética não pode ser um atributo ou qualidade, tem que ser uma condição natural. A questão da moral e da ética, portanto, converge para uma questão de atitude, o que se espera, não do amanhã, mas de hoje. Usando as palavras de Gandhi, "seja a mudança que você quer ver no mundo". Conhecimento, debate, coletividade: só assim podemos fortalecer os vínculos da cidadania, depurando os largos segmentos da sociedade da inversão de valores.

Para Louis Lavelle, a filosofia é tentativa constante de superar antinomias. Ao homem atormentado do século XX, propunha ele a escolha entre um dentre os dois únicos caminhos possíveis:

> Não há senão duas filosofias entre as quais é necessário escolher: a de Protágoras, segundo a qual o homem é a medida de todas as coisas, mas a medida que ele se dá é também a própria medida; e a de Platão, que é também a de Descartes, para quem a medida de todas as coisas é Deus e não o homem, mas um Deus que se deixa participar pelo homem, que não é somente o Deus dos filósofos – o Deus das almas simples e vigorosas, que sabem que a verdade e o bem estão acima delas e que não se recusam jamais àqueles que as buscam com coragem e humildade.

A essência do homem perdura por intermédio das transformações, pelas quais os valores nela lastreados atravessam os tempos, resistindo a todas as tentativas de alijá-los ou de ignorá-los. Justiça, caridade e prudência são virtudes peregrinas que, ao lado de outras, se impõem aos homens de todos os tempos.

Não há, seguramente, nos dias de hoje, questão mais estratégica e, por isso mesmo, mais polêmica e apaixonante, do que a da escola. Ela nos angustia e nos confunde, tanto porque somos bombardeados a todo momento pela ideia de que a educação é a senha de acesso ao futuro, quanto porque estamos muito insatisfeitos com a escola que temos. Ficamos incomodados porque queremos nos convencer da importância decisiva da escola e porque nos desiludimos com a escola realmente existente.

Quem já não se pôs a questão, sobretudo entre as famílias que se deparam com a necessidade de escolher a próxima escola de seus filhos? Quem, entre os educadores, já não se viu apostando nas possibilidades de uma renovação nos métodos de gestão escolar que compensasse as falhas do sistema educacional e "salvasse" a escola, recuperando-a plenamente aos olhos da comunidade? Quem já não se surpreendeu divagando sobre a necessária reposição da escola, nestes tempos que parecem naturalizar a crise da escola realmente existente em nome de uma ideologia que hipervaloriza a educação escolar como caminho mais adequado para o êxito profissional?

É um paradoxo: tudo está difícil no campo da educação, mas é impossível visualizar saídas que não passem pela escola. Valorizamos a escola que não temos – a escola em si – por convicção cultural, mas também porque a sociedade informatizada que se anuncia como "sociedade inteligente" sancionou a educação como ferramenta do sucesso e plataforma para uma efetiva reforma cultural.

Criticamos a escola que temos por que ela não parece reunir condições de enfrentar esta época de transição, paradoxos e incertezas. Porque é o resultado vivo de muitas políticas casuísticas e de uma certa perda da capacidade coletiva de se empenhar ativamente pela escola. Duvidamos da escola que temos por que ela é hoje um campo de confusões e expectativas mal dimensionadas, seja por parte de professores e alunos, seja por parte dos pais, que esperam tudo dela, até mesmo uma oferta de "educação" que deveria decorrer da própria dinâmica familiar.

Podemos criticar a escola realmente existente, mas temos excelentes motivos para dedicar a ela o melhor de nossos esforços e convertê-la numa causa ampla, generosa, democrática. Se soubermos partir da escola que está aí, em vez de descartá-la como verdadeiro espelho embaçado do projeto hegemônico das classes dominantes, se soubermos escapar definitivamente da ideia de que uma boa escola – uma escola de qualidade, democrática, de massa, universal, pública e gratuita; ou seja, uma escola republicana – só virá depois que tivermos uma boa sociedade, certamente teremos como reformar a escola.

A cultura da inovação

No tempo da pandemia, valendo-se de um convite da empresa Sambatech, o Professor Celso Niskier deu uma riquíssima entrevista sobre as ações transformadoras do ensino remoto. Falando a Mateus Magno, primeiro discorreu sobre a sua carreira, já com 30 anos de percurso na Unicarioca, para demonstrar os avanços assinalados nos 17 cursos da sua instituição, que ocupa o primeiro lugar dentre os centros universitários do Rio de Janeiro.

O tema era "A educação superior e o futuro", participando da onda de transformação digital. Celso está muito confiante e garante que a Educação a Distância (EAD) vai superar o ensino tradicional, e para tanto tem realizado importantes trabalhos à frente da Associação Brasileira das Mantenedoras de Ensino Superior (ABMES), com inteligentes parcerias com a Microsoft e o Instituto Êxito, criado por Janguiê Diniz, que se notabilizou pelo empreendedorismo.

O futuro pode ser classificado de promissor, apesar da intervenção regulatória do MEC, nem sempre feita de modo adequado. Celso garante que, utilizando a tecnologia *on-line*, os cursos se tornam mais atraentes. Investir em tecnologia não é barato, mas as pequenas empresas têm a chance de realizar boas parcerias. Hoje, 40% da carga horária podem ser em EAD.

O professor certamente passará por uma transformação digital. Não será o único dono do conhecimento. Será um grande facilitador da aprendizagem e o aluno se tornará muito mais participativo. Deveremos ter a capacidade de empoderar o professor, embora ainda não tenhamos democratização do acesso à internet em virtude das dificuldades econômicas dos alunos. Mas devemos nos preparar para um mundo melhor, depois de tudo o que passamos na pandemia.

Haverá um grande emprego de robôs nas salas de aula e deveremos nos acostumar com isso. A educação não voltará a ser o que era. Teremos a educação mediada pela tecnologia, no modelo híbrido que chegou para ficar. Isso não significa que será retirada a autonomia dos mestres, que irão experimentar o chamado mundo novo. Queremos um professor mais inteligente no futuro. Ele deve experimentar essa tecnologia, ferramenta que terá o devido acolhimento. É o futuro que já chegou.

35.1 Terceira onda

Está na moda discutir a importância e os receios da inteligência artificial (IA). É claro que o tema não escaparia aos cuidados de intelectuais como Yuval Harari, nos seus últimos livros.

A IA está criando textos, códigos, imagens, histórias e músicas. Mas pode gerar falsificações perfeitas de sons e imagens ou redigir leis, o que torna a ferramenta extremamente perigosa, ainda mais sabendo-se das enormes carências da nossa Justiça, na qual se discute o uso da ChatGPT na fundamentação de decisões de relevo.

Pode-se considerar que a Inteligência Artificial será essencial para a educação nos próximos anos. Os algoritmos do aprendizado profundo nos levam a interagir com a internet. A IA de percepção vai melhorar o reconhecimento dos nossos rostos, a compreensão de nossas vozes e a visão do mundo ao nosso redor. Adicionaremos milhões de pontos de contato entre os mundos *on-line* e *off-line*. Esses dados podem criar uma experiência altamente personalizada em educação.

Os sistemas atuais de educação ainda são executados no modelo fabril de educação do século XIX. Todos os alunos são forçados a aprender na mesma velocidade, na mesma maneira, no mesmo lugar e ao mesmo tempo. A IA pode nos ajudar a superar essas limitações. As habilidades de percepção da IA podem adaptar o processo de aprendizagem a cada aluno e liberar os professores para ter tempo de instrução individual.

A experiência de educação com tecnologia IA ocorre em quatro cenários: ensino em sala de aula, lição de casa e exercícios, provas e notas e aulas personalizadas. Verifica-se com que rapidez respondem às perguntas.

A aprendizagem em sala de aula é apenas uma fração de todo o quadro da educação com Inteligência Artificial. A cada passo do caminho, o tempo e o desempenho dos alunos alimentam seus perfis, ajustando os problemas subsequentes para reforçar a compreensão. Os algoritmos de reconhecimento de fala de alto desempenho podem ser treinados para avaliar a pronúncia dos alunos. Do ponto de vista do professor, essas mesmas ferramentas podem ser usadas para aliviar o peso das tarefas de avaliação de rotina, liberando-os para que passem mais tempo com os próprios alunos.

O perfil do aluno com tecnologia IA notificará os pais sobre a situação dos seus filhos. Aqui se registra quais serão suas maiores dificuldades. A tutoria remota pode ser uma consequência desse processo. Temos assim um paradigma de educação com tecnologia IA, que exige muito *hardware*, habilitados por sensores para sincronizar os mundos físico e digital.

A IA autônoma aparecerá primeiro em ambientes comerciais, fazendo trabalho de funcionários, mas em breve chegará igualmente ao campo da educação. Sabemos que os drones podem salvar vidas, por exemplo, combatendo incêndios florestais com uma eficiência muitas vezes superior à ação humana. Estamos diante de uma nova ordem emergente mundial de IA, confrontados por um desafio monumental.

É claro que, no trato da IA, há certos riscos que devemos evitar. O endeusamento é um deles, como se referiu o professor brasileiro Miguel Nicolelis em artigo publicado na Folha de São Paulo: "Harari escreveu que a inteligência artificial sequestrou o sistema. Ele não sequestrou nada. A espécie humana está sequestrando sua própria evolução".

O médico Nicolelis, que chefiou o Centro de Neuroengenharia da Universidade de Duke, lembra que a IA não é nem inteligente nem artificial:

Não é artificial porque é criada por nós. E não é inteligente porque a inteligência é uma propriedade emergente de organismos interagindo com o ambiente e com outros organismos. É um produto do processo darwinista de seleção natural. Os algoritmos podem andar e fazer coisas, mas não são inteligentes por definição.

Há muito o que se aprender com esses registros.

Nicolelis discorda de Harari quando afirma que vamos viver até os 200 anos. Ou que vamos acabar com o envelhecimento. As regras de mercado não são divinas, são abstrações criadas pela mente humana. Por isso existe hoje a triste realidade de uma estrondosa desigualdade na distribuição de renda.

Com a experiência de 30 anos de estudos, o neurocientista brasileiro afirma que o ChatGPT é um grande plagiador, pois usa o material feito por um monte de gente, mistura e gera algo que chama estranhamente de "produto novo". Ele afirma que é um absurdo dizer que o ChatGPT é dez vezes mais inteligente do que os seres humanos por escrever de forma veloz ou se comunicar em diversos idiomas. As interfaces entre cérebro e máquina ainda precisam ser muito estudadas, nas suas aplicações práticas. A mente humana, comprovadamente, é repleta de fenômenos não computáveis, como inteligência, intuição, criatividade, senso estético, definições de beleza etc. Por isso, é preciso ter muito cuidado com os exageros do endeusamento irresponsável.

Não se deve transformar uma ferramenta estatística num novo Deus, e daí para se criar uma outra religião é um passo. Mas nisso é óbvio que se estará caminhando para a prática de um evidente exagero.

A nossa convicção parte do princípio de que essas ferramentas têm de ser utilizadas sob a supervisão humana. E aí entra o papel essencial da educação, na formulação dos necessários princípios. São muito valiosos os estudos em neurociência realizados em nossas universidades.

Estamos vivendo a quarta revolução industrial, marcada pela convergência de tecnologias digitais, físicas e biológicas que estão mudando o mundo, a forma como nos relacionamos, trabalhamos, consumimos e aprendemos. Precedida por revoluções anteriores, que igualmente moldaram a sociedade com inovações como a máquina a vapor, a eletricidade e a computação, esta nova era apresenta ao mundo a inteligência artificial, a robótica e os assistentes virtuais, que estão cada vez mais presentes no nosso cotidiano.

Varejo, indústria e serviços estão tentando acompanhar essa transformação e gerar adaptabilidade aos novos hábitos. Na educação não é diferente. A utilização de soluções de IA e robótica para mapear comportamentos de alunos e professores potencializam os processos investigativos de pesquisas tradicionais e agregam riqueza de dados e inovação às escolas. No entanto, apesar do advento dessas inovações, o fator humano continua sendo indispensável e se constitui matéria prima para a execução da IA e o aprimoramento de novas tecnologias. Afinal, a Inteligência Artificial só existe por conta de seres humanos e funciona através deles.

Referências

BERTELLI, L.G. *Escolha certa – As profissões do século 21*. São Paulo: Ciee-SP, 2013.

FORQUIN, J.C. *Sociologia da Educação: dez anos de pesquisa*. Petrópolis: Vozes, 1995.

LITTO, F. *Educação a Distância – O estado da arte*. São Paulo: Abed/Pearson, 2009.

NISKIER, A. *Educação a Distância*. São Paulo: Loyola, 1999.

NISKIER, A. *10 anos de LDB: uma visão crítica*. Rio de Janeiro: Consultor, 2007.

NISKIER, A. *Desafios da Educação no Brasil*. São Paulo: Centro de História e Cultura Judaica, 2019.

NISKIER, A.; (FERRARI, M., org.). *Ética: fortalecimento de vínculos*. Rio de Janeiro: Consultor/UniCiee, 2019.

NISKIER, A.; (FERRARI, M., org.). *A educação na era do empreendedorismo sustentável*. Rio de Janeiro: Consultor/UniCiee, 2019.

NISKIER, A.; (FERRARI, M., org.). *Gamificação – O desafio das novas tecnologias educacionais*. Rio de Janeiro: Consultor/UniCiee, 2020.

Biografias

Arnaldo Niskier é membro da Academia Brasileira de Letras desde 1984, tendo sido presidente da ABL em dois mandatos. Professor aposentado de História e Filosofia da Educação  da Universidade do Estado do Rio de Janeiro, doutor em Educação pela Uerj, professor emérito da Universidade Cândido Mendes, Doutor *Honoris Causa* da Unicarioca, da Unirio e da Unama, foi membro do Conselho Federal de Educação, do Conselho Estadual de Educação do Rio de Janeiro e do Conselho Nacional de Educação, secretário de Estado do Rio de Janeiro por quatro vezes. Sociocorrespondente da Academia das Ciências de Lisboa, é autor de mais de 100 livros, especialmente sobre educação. Presidente do Ciee/RJ e do Instituto Antares de Cultura, é colaborador com artigos publicados em vários jornais do país.

Formada em Comunicação Social pela Pontifícia Universidade Católica do Rio de Janeiro, em 1988, a jornalista capixaba **Manoela Ferrari** foi repórter de vídeo da TV Manchete. De 1989 a 1990, apresentou o programa de arte e cultura Caderno 2, na TV Educativa. Desde 2003, é repórter colaboradora do *Jornal de Letras*, onde assina as colunas "Breves" e "Livros & autores".

Em 2010, graduou-se também no Curso de Letras da PUC-RJ. Entre os livros publicados estão: *Entrelinhas* (2011), *Dr. Chagas* (2012), *Yedda Maria Teixeira – Marcas do Tempo* (2013), *Fotobiografia do acadêmico Arnaldo Niskier* (2015), *Sinfonia de Sônia – Vida e obra da pianista Sônia Cabral* (2016) e *Entre cestas, braçadas e caneladas* (2017).

É responsável pela adaptação da obra *Escrava Isaura* (2014) para a Editora Consultor. Em 2018, foi uma das organizadoras do livro *Língua portuguesa para empresas* (Ciee-SP). Em 2019, organizou o livro *Ética: fortalecimento de vínculos*, da autoria de Arnaldo Niskier (Ciee-SP), e lançou o livro *Ilha do Frade – Paraíso capixaba* (Ed. Consultor). Integrou a coletânea *Escritos de Vitória*, lançada em 2019, em comemoração aos 65 anos da Ufes. Participou da organização do livro *Desafios da Educação no Brasil*, de Arnaldo Niskier (CHCJ – Centro de História e Cultura Judaica, 2019) e das obras *Inteligência Emocional na Educação* (Ciee-SP), *A Educação na era do empreendedorismo sustentável* (Ciee-SP) e *Gamificação –*

As novas tecnologias educacionais (Ciee-SP). É autora do livro *A grandeza de Monteiro Lobato*, para a série "Clássicos Consultor", 2019. Desde 2020, é membro correspondente da Academia Feminina Espírito-santense de Letras, da Academia Espírito-santense de Letras e do Instituto Histórico e Geográfico do Espírito Santo.

cte-se conosco:

f facebook.com/editoravozes

◉ @editoravozes

𝕏 @editora_vozes

▶ youtube.com/editoravozes

◉ +55 24 2233-9033

www.vozes.com.br

Conheça nossas lojas:

www.livrariavozes.com.br

Belo Horizonte – Brasília – Campinas – Cuiabá – Curitiba
Fortaleza – Juiz de Fora – Petrópolis – Recife – São Paulo

  Vozes de Bolso

EDITORA VOZES LTDA.
Rua Frei Luís, 100 – Centro – Cep 25689-900 – Petrópolis, RJ
Tel.: (24) 2233-9000 – E-mail: vendas@vozes.com.br